Ehrfurcht und Zweifel

Das Theodizeeproblem im Denken und Dichten P.B. Shelleys

Viele Grüße!

E. Brill

Europäische Hochschulschriften

Publications Universitaires Européennes
European University Studies

Reihe XXIII
Theologie

Série XXIII Series XXIII
Théologie
Theology

Bd./Vol. 470

PETER LANG
Frankfurt am Main · Berlin · Bern · New York · Paris · Wien

Edith Brill

Ehrfurcht und Zweifel

Das Theodizeeproblem im Denken und Dichten P.B. Shelleys

PETER LANG
Frankfurt am Main · Berlin · Bern · New York · Paris · Wien

Die Deutsche Bibliothek - CIP-Einheitsaufnahme

Brill, Edith:

Ehrfurcht und Zweifel : das Theodizeeproblem im Denken und Dichten P. B. Shelleys / Edith Brill. - Frankfurt am Main ; Berlin ; Bern ; New York ; Paris ; Wien : Lang, 1992
(Europäische Hochschulschriften : Reihe 23, Theologie ; Bd. 470)
Zugl.: Frankfurt (Main), Univ., Diss., 1992
ISBN 3-631-45394-9

NE: Europäische Hochschulschriften / 23

D 30
ISSN 0721-3409
ISBN 3-631-45394-9

Printed in Germany 1 2 4 5 6 7

Vorwort

"Wie man nach Auschwitz den Gott loben soll, der alles so herrlich regieret, das weiß ich nicht", schreibt Dorothee Sölle in ihrem Aufsatz "Kirche ist auch außerhalb der Kirche". Die hier angesprochene Theodizeefrage - die Frage also, wie Leid und Schuld, die uns überall auf der Welt begegnen, vereinbart werden können mit der Vorstellung von der Güte, Weisheit und Allmacht Gottes, der die Welt regiert - diese Frage drängt sich nicht nur uns Heutigen im Zeitalter nach Auschwitz auf. Sie beschäftigte die hervorragendsten Geister der Menschheit zu allen Zeiten und verstummte selbst nicht im Zeitalter der Romantik, als der Blick vorwiegend auf die Harmonie von Welt und Natur gerichtet war.

Ein Beispiel hierfür zeigt uns das Werk des berühmten englischen Dichters und Denkers Percy Bysshe Shelley, der - im Gegensatz zu den meisten anderen Dichtern der Romantik - an der Harmonie der Welt sowie an der Güte und der Existenz Gottes nicht nur zweifelte, sondern nahezu verzweifelte und erst am Ende seines Lebens eine partielle Lösung des Theodizeeproblems finden und - jenseits von Ehrfurcht und Zweifel - eine verhüllte Jenseitshoffnung gewinnen konnte.

Die vorliegende Studie versucht, durch Auslegung der Prosaschriften Shelleys sowie dreier seiner dichtigsten Gedichte - "Mont Blanc", "Prometheus Unbound" und "The Triumph of Life" - Shelleys Denken nicht nur allgemein in die Geistesgeschichte einzuordnen, sondern darüber hinaus den Nachweis dafür zu erbringen, daß Shelleys Schwierigkeiten im Umgang mit der Theodizeefrage in engem Zusammenhang mit dem Skeptizismus seines Landsmannes und Vorbildes David Hume sowie mit der Prädestinationslehre Calvins zu sehen sind, während sich andererseits die - zumindest partielle - Bewältigung der Theodizeefrage im Rückgriff auf den Platonismus vollzog. Dadurch werden u.a. die Gefahren deutlich, welche die beiden erstgenannten philosophisch-theologischen Systeme für den Geist und die Seele eines suszeptiblen Menschen darstellen können.

Die vorliegende Arbeit vermag demnach nicht nur einen Beitrag zur Geschichte des Theodizeeproblems zu leisten, sondern auch zur Shelley-Forschung im allgemeinen, indem sie Shelleys Werke unter Aspekten betrachtet, die im Rahmen dieser Forschung bisher unberücksichtigt geblieben waren. Sollte diese Arbeit darüber hinaus durch Hinweis auf die obengenannten Gefahren auch der Religionspädagogik von Nutzen sein oder dem Leser eine existentielle Hilfe bieten können, so wäre dies im Sinne der Autorin.

An dieser Stelle möchte ich es nicht versäumen, allen denen zu danken, die das Zustandekommen dieses Buches mit Rat und Tat unterstützt haben: Zu ganz besonderem Dank verpflichtet bin ich Herrn Professor Dr. Johannes Deninger sowie Herrn Professor Dr. Norbert Altwicker für die sehr intensive und engagierte Beratung; ferner Frau Sabine Blöcher und Frau Andrea Pleyer sowie Christa und Björn Brill für die freundliche Hilfe beim Erstellen der Druckvorlage und beim Korrekturlesen.

Frankfurt a. M., im Juli 1992 Edith Brill

Inhaltsverzeichnis

Seite

Einleitung

Ziel und Methode der vorliegenden Arbeit

"Entweder will Gott die Übel aufheben und kann nicht,
oder er kann und will nicht,
oder er will nicht und kann nicht,
oder er will und kann.
Wenn er will und nicht kann, ist er schwach,
und das trifft für Gott nicht zu.
Wenn er kann und nicht will, ist er neidisch,
und das ist ebenso unvereinbar mit Gott.
Wenn er nicht kann und nicht will, ist er neidisch
und schwach und dementsprechend auch kein Gott.
Wenn er aber will und kann, wie das allein
angemessen ist für Gott: wo kommen dann die Übel
her, und warum hebt er sie nicht auf?"[1]

Diese zu scheinbar unauflösbarer Widersprüchlichkeit führenden Sätze schrieb Epikur vor mehr als zweitausend Jahren. Das hier angesprochene Problem ist alt, vielleicht so alt wie die Menschheit selbst, wenn es auch erst von Leibniz - im Anschluß an Römer 3,5 - mit einem eigenen Namen belegt wurde - dem Kunstwort "Theodizee" (von griech. ϑεός = Gott und δίκη = Gerechtigkeit), was wörtlich "Gottes Gerechtigkeit" bedeutet, inhaltlich die Frage nach der Rechtfertigung Gottes angesichts der Übel in der Welt bezeichnet. Das Wort "Theodizee" wurde von Leibniz zum erstenmal 1697 in einem Brief erwähnt als Titel der von ihm beabsichtigten Schrift "Essay de théodicée sur la bonté de Dieu, la liberté de l'homme et l'origine du mal."[2]

Das Theodizeeproblem hat bis heute - trotz unzähliger im Laufe von zwei Jahrtausenden unternommener Lösungsversuche - nichts von seiner Aktualität und seiner Schwierigkeit verloren. Es stellt sich jedem Betrachter dieser Welt aufs neue, wenn er die in der Welt offenkundig anzutreffenden moralischen und physischen Übel in Beziehung zu setzen versucht zu den im Gottesbegriff normalerweise enthaltenen Attributen der

Allmacht und der Güte. Augustinus bezeichnete diese Frage als "difficillima quaestio";[3] und wenn Dorothee Sölle in unseren Tagen schreibt: "Wie man nach Auschwitz den Gott loben soll, der alles so herrlich regiert, das weiß ich nicht."[4], so ist sie im Grunde keinen Schritt weiter als Epikur, sie steht vor dem gleichen Problem wie er.

Dennoch stellte sich dieses Problem den Menschen nicht zu allen Zeiten mit der gleichen Dringlichkeit, nahm nicht immer die gleiche Bedeutung in ihrem Denken ein, vielmehr wechselte diese Bedeutung wie Wellenberge und -täler im Wellengang des Meeres.

Einen deutlichen und wesentlichen Höhepunkt erfuhr diese Wellenbewegung während des Aufklärungszeitalters, als die Menschen mit aller Intensität danach strebten, auch die Aussagen und Begriffe der Religion, mit ihrer kritischen Vernunft so weit wie möglich zu durchdringen und vor dieser zu rechtfertigen. Dabei spitzte sich das Theodizeeproblem weitgehend auf die Willensfreiheitsfrage zu, bedingt durch die beiden Tatsachen, daß man sowohl durch den auf Newtons Entdeckungen aufbauenden naturwissenschaftlichen Determinismus als auch durch die auch in den Anglikanismus eingegangene Calvinistische Prädestinationslehre die menschliche Willens- und Handlungsfreiheit in Frage gestellt glaubte. Wo keine Freiheit ist, da ist auch keine Verantwortlichkeit. Und wenn der Mensch für keines der Übel dieser Welt verantwortlich sein kann, so muß es Gott sein - so argumentierte man.

Von dieser Welle des brennenden Interesses an der Theodizeefrage wurde auch Shelley erfaßt. Dies nimmt nicht wunder bei einem Dichter mit hochempfindlichem Sensorium für alle geistigen Strömungen seiner Zeit. Im Vorwort zu "Prometheus Unbound" schreibt Shelley:

> "Every man's mind is modified by all the objects of nature and art, by every word and every suggestion which he ever admitted to act upon his consciousness.... It is impossible that anyone who inhabits the same age with such writers as those who stand in the foremost ranks of our own, can consciously assure himself that his language and thought may not have been modified by the study of the productions of these extraordinary intellects."[5]

Ziel der vorliegenden Arbeit soll es sein, die entscheidende Bedeutung aufzuzeigen, die das Theodizeeproblem für Shelleys Denken und Dichten gespielt hat - ein Aspekt, der bisher von den Shelley-Kommentatoren in dieser Form noch nicht aufgegriffen und untersucht worden ist.

Dabei sollen zunächst an Hand der Prosaschriften verschiedene Antworten Shelleys auf die Theodizeefrage dargestellt werden. Diese sollen jedoch nicht isoliert für sich alleine betrachtet werden, sondern in mehrfachen Zusammenhang eingeordnet werden: Einerseits soll die Bedeutung des Theodizeeproblems für Shelleys eigene Weltanschauung, für seinen eigenen geistigen Standort beleuchtet werden. Dabei wird sich zeigen, daß die Theodizeefrage, die Shelley zeitlebens nicht losgelassen hat, die gesamte Zielsetzung seines Lebens ganz wesentlich bestimmt hat.

Außerdem soll Shelleys Auseinandersetzung mit dem Theodizeeproblem in Beziehung gesetzt werden zum einen - gleichsam einen Querschnitt darstellend - zu entsprechenden für Shelley kontemporären Schriften sowie zur gesamten religiösen Situation der damaligen Zeit; zum anderen aber auch - gleichsam als Längsschnitt - zu verschiedenen, im Laufe der abendländischen Geistesgeschichte von Platon bis in unsere Zeit gegebenen Antworten auf die Theodizeefrage. Daß die Fäden der geistesgeschichtlichen Entwicklung noch über Shelleys Zeit hinaus bis in die Gegenwart verfolgt werden, dient dem Zweck, das Zusammenziehen dieser Fäden zu einem scheinbar unlösbaren Knoten zu Shelleys Zeit und die nachfolgende teilweise Wiederauflösung dieses "Knotens" in der Gegenwart zu zeigen: Indem auch dieser zweite Teil - die teilweise Wiederauflösung - dargestellt wird, können Art und Bedeutung dieses "Knotens", d.h. dieser Verdichtung des Problems - besser verdeutlicht werden als durch eine unmittelbar nach Shelleys Zeit abbrechende Darstellung.

Norbert Altwicker schreibt bezüglich der Bedeutung eines solchen Längsschnitts ganz allgemein:

> "Ein gültiger philosophischer Gedanke, in seinem Erkenntniswert selbst ermöglicht durch das Ganze ihm vorausgehender Erkenntnisinhalte und theoretischer Konstruktionen, vermittelt durch die Entfaltung des menschlichen und wissenschaftlichen Bewußtseins, ist seinerseits um seiner Fortgeltung willen auf ihn interpretierendes, rezipierendes, damit ihn notwendig neudenkendes Denken bezogen. Die Geschichte seiner Deutung, Aneignung und Umbildung gehört

deshalb wesentlich zu seiner realen Bestimmtheit und Bedeutungsstruktur, zu seinem konkreten Eigenleben dazu."[6]

Darüber hinaus soll auch die Frage beleuchtet werden, inwieweit die Theodizeefrage Sinnfrage ist, d.h. sich deckt mit der Frage nach dem Sinn des menschlichen Lebens und der Welt insgesamt. In allen diesen Untersuchungen soll somit nach der ideen- bzw. problemgeschichtlichen Methode verfahren werden.

Es wird sich dabei in diesem ersten Teil herausstellen, daß die negative Antwort auf die Theodizeefrage, die Shelley in "A Refutation of Deism" gibt, in direkter Abhängigkeit von der Philosophie Humes sowie von der Prädestinations- und Willenslehre des Calvinismus zu sehen ist, während die in "Essay on Christianity" gegebene, überwiegend - wenn auch nicht völlig - positive Antwort auf die Theodizeefrage durch Platons "Staat" beeinflußt und vorgeprägt ist.

Im zweiten Teil der Arbeit soll die Bedeutung aufgezeigt werden, die das Theodizeeproblem für Shelleys Dichtung hat. Auch hier soll die ideengeschichtliche Methode so weit wie möglich angewendet werden mit der Modifikation, daß hier weitgehend ein Bezug zu anderen Werken der Dichtung, nicht primär zu philosophischen oder theologischen Schriften hergestellt wird, ferner, daß zusätzlich die hermeneutische Methode durchgängig Anwendung findet.

Es soll dabei - im wesentlichen an Hand der Gedichte "Prometheus Unbound", "Mont Blanc" und "The Triumph of Life" - gezeigt werden, daß das Theodizeeproblem einen entscheidenden Einfluß hatte auf die Thematik und den Aussagegehalt der Shelleyschen Dichtung - darüber hinaus auch noch auf Shelleys dichterisches Selbstverständnis.

Aus dem Gesagten ergibt sich, daß den verschiedenen Teilen dieser Arbeit eine sehr unterschiedliche Gewichtung und Bedeutung im Rahmen der Gesamtdarstellung zukommt: Nicht alle Teile enthalten Ergebnisse, die erst im Verlaufe dieser Arbeit gefunden wurden. Vielmehr wurden in einigen Kapiteln (I.1, 2, 9; teilweise auch I.3) längst bekannte Ergebnisse zusammen- und bereitgestellt; gleichsam als geistesgeschichtlicher Rahmen, in den die neugewonnenen Ergebnisse eingeordnet, als Hintergrund, vor dem sie dargestellt werden können. Demgemäß wurde denn auch bei der Darstellung dieser den Hintergrund beschreibenden Kapitel stark kursorisch verfahren: Längst bekannte Ergebnisse bedürfen nicht eines ausführlichen Belegs.

Anders verhält es sich dort, wo neue, d.h. im Rahmen dieser Arbeit gefundene Ergebnisse vorgetragen werden (Kap. I.3 - 8; Kap. II.1 - 3). In den Kapiteln I.4; 7; II.1 - 3 werden zunächst einmal Shelleys Stellungnahmen zur Theodizeefrage dargestellt. Da dieser Aspekt von den Shelley-Kommentatoren bisher nirgendwo explizit behandelt worden ist, handelt es sich hierbei durchaus um neue Befunde. Das gleiche gilt für die direkte Abhängigkeit der Shelleyschen Stellungnahmen von Humes "Essay concerning Human Understanding" (Kap. I.5), vom Calvinismus (Kap. I.5), sowie von der von Shelley selbst übersetzten Stelle aus Platons "Staat" (Kap. I.7), ebenso für die über weite Strecken sehr enge verbale Anlehnung von Shelleys Gedicht "Triumph of Life" an Milton "Paradise Lost" (Kap. II.3).

Alle diese Abhängigkeiten, die in der vorliegenden Arbeit aufgezeigt werden, sind in der Shelley-Forschung bisher nicht oder doch nicht in ausreichendem Maße herausgestellt worden. Das gleiche gilt für die in Kapitel I.3 und II.2 aufgezeigte wahrscheinliche Beeinflussung Shelleys durch verschiedene Werke der Literatur, die er vermutlich gelesen hat, ohne daß eine direkte Abhängigkeit nachzuweisen ist.

Zwar erwähnt Wasserman in seinem Buch "A Critical Reading" die inhaltliche wie formale Ähnlichkeit zwischen Shelleys "Refutation of Deism" und Humes "Dialogues Concerning Natural Religion",[7] es ist jedoch weder hier noch an anderer Stelle der Sekundärliteratur ein Hinweis darauf zu finden, daß Shelley in der obengenannten Schrift seine Argumentation bezüglich der Theodizeefrage weitgehend aus Humes "Essay Concerning Human Understanding" bezieht.

Ähnlich steht es mit der Abhängigkeit der Shelleyschen Argumentation von der Prädestinations- und Willenslehre des Calvinismus. Zwar weist E. Barnard in seinem Buch "Shelley's Religion" darauf hin, daß Shelleys Anklagen gegen Gott - ganz allgemein - eine gewisse Ähnlichkeit aufweisen mit den Vorwürfen, die gelegentlich von katholischer Seite gegen das vom Calvinismus entworfene Gottesbild zu vernehmen seien.[8] Barnard läßt es indessen mit dieser Bemerkung sein Bewenden haben, ohne die Frage zu stellen - geschweige denn zu beantworten - ob diese Parallele auf Zufall oder einem inneren Zusammenhang beruhe und welcher gegebenenfalls dieser Zusammenhang zwischen Shelleys Kritik und dem Calvinismus sei. Es ist auch keine andere Stelle der Sekundärliteratur bekannt, an der diese Frage behandelt würde.

Ebenfalls bei Barnard findet sich der Hinweis, Shelley sei verwundert gewesen über jene von ihm übersetzte Stelle aus Platons "Staat", die feststellte, daß Gott nicht die Ursache von Übeln sein könne,[9] jene Stelle, die dann auch fast wörtlich in Shelleys eigenem Text seines "Essay on Christianity" wiederkehrt.[10] (Vgl. Kapitel I.7 dieser Arbeit). Diesen Zusammenhang zwischen jener Platon-Stelle und Shelleys eigenem Text erwähnt Barnard jedoch nicht. Andere Kommentatoren hingegen wie z.B. Donald H. Reiman, die die positive Einstellung des "Essay on Christianity" hervorheben,[11] erwähnen Shelleys Platon-Übersetzung in diesem Kontext überhaupt nicht, d.h. es gibt in der Sekundärliteratur bisher keinen Hinweis auf jenen Zusammenhang der beiden Textstellen, der in der vorliegenden Arbeit aufgezeigt wird.

Auch die sehr weitgehende verbale Anlehnung von Shelleys Gedicht "The Triumph of Life" an Miltons "Paradise Lost" wird in der vorliegenden Arbeit zum erstenmal in vollem Umfang aufgezeigt. Die sporadischen Hinweise Reimans auf Übereinstimmung einzelner Begriffe erfaßt nur einen verschwindend kleinen Bruchteil der in der vorliegenden Arbeit dargestellten Übereinstimmung der beiden Texte.[12]

Aus dem Gesagten ergibt sich, daß in der vorliegenden Arbeit selbstverständlich diesen Kapiteln, welche neue Ergebnisse vorstellen und somit den eigentlichen Kern der Arbeit darstellen, größere Ausführlichkeit gewidmet wird als jenen früher erwähnten, die keinen unmittelbaren Zusammenhang mit Shelleys Texten und Aussagen haben, sondern vielmehr gleichsam den Rahmen oder Hintergrund darstellen für jenen "Kern", auf dem das Hauptgewicht der Arbeit liegt.

Das Theodizeeproblem im Denken und Dichten P.B. Shelleys

I. Das Theodizeeproblem in Shelleys Denken

1. Das Theodizeeproblem in der biblischen Tradition sowie in der abendländischen Geistesgeschichte vor Shelleys Zeit

Das Theodizeeproblem wurde bereits in der Antike ausgiebig diskutiert. Bei Platon finden sich verschiedene Lösungsversuche, die zum Teil aus der Frühantike übernommen, von Platon aber nie zu einem einheitlichen Standpunkt integriert wurden. Im "Staat" finden wir folgende Stellungnahme: Da Gott gut ist, kann er nicht Ursache von Übeln sein. Für diese muß eine andere Ursache gesucht werden.[1] (Diese Stelle wurde später von Shelley nicht nur wörtlich übersetzt, sondern auch inhaltlich in seinen "Essay on Christianity" übernommen - vgl. Kapitel I.6 der vorliegenden Arbeit). Diese Ursache der Übel wird dann von Platon in seinem "Theaitet" genauer behandelt: Für das moralische Übel sei der Mensch verantwortlich, das physische Übel sei auf die Endlichkeit der Welt zurückzuführen, auf den Abstand des Materiellen von der Idee. Ausdrücklich stellt Platon fest, daß es eine "Idee" des Bösen, ein böses Prinzip, nicht gibt: Alles Übel bedeutet Mangel an Gutem.[2] In Platons Alterswerk, den "Nomoi", wird dann der Standpunkt vertreten, es gebe einen bösen Geist, der die Welt durchwalte und alle Übel verursache. Die ontische Natur dieses Geistes bleibt indessen im Ungewissen.[3] Damit stellt sich die Frage, ob Platon hier nicht doch - im Gegensatz zu den Ausführungen im "Theaitet" - einen Dualismus vertritt. In den "Nomoi" wird darüber hinaus noch folgender Standpunkt vorgetragen: Was dem Menschen als Übel erscheine, hänge von der Perspektive der Weltbetrachtung ab; was der Mensch auf Grund seiner eingeschränkten Betrachtungsweise für ein Übel hält, kann bei weiträumigerer Perspektive als sinnvoll oder gut bzw. als Teil eines übergeordneten Guten erscheinen.[4]

Diese Lösungsversuche wurden durch die Stoa und den Neuplatonismus an das Mittelalter weitergegeben. Hier fließt dann anderes Gedankengut mit ein, das aus der biblischen Tradition stammt: Insbesondere erfährt dadurch Platons Aussage, für das moralische Übel der Welt sei der Mensch verantwortlich, eine sehr spezielle Deutung.

Im Alten Testament wird zunächst in Genesis die Erklärung gegeben, der Mensch habe durch Mißbrauch der gottgegebenen Freiheit die moralischen wie auch die physischen Übel verursacht: Die moralischen Übel werden als Mißverhalten der Menschen gedeutet, die physischen Übel als von Gott verhängte Strafe für den Mißbrauch der Freiheit. Bis zu den frühen Propheten wurde dann ein direkter Zusammenhang zwischen Sünde und Strafe (Leid) in jedem einzelnen Menschenleben postuliert. Bei Isaias wird dieses Prinzip zum erstenmal angezweifelt, da es der Erfahrung widerspricht. Der Mensch wird auf seine - irdische - Zukunft vertröstet: Hier sei eine ausgleichende Gerechtigkeit zu erwarten; bei Daniel wurde diese ausgleichende Gerechtigkeit dann auf das Jenseits verschoben. Eschatologische Aspekte treten hier in den Vordergrund. Einen Bruch mit dieser Tradition stellt das Buch Job dar: Wegen der Leiden des - vermeintlich - Gerechten wird die Beantwortbarkeit wie sogar auch die prinzipielle Berechtigung der Theodizeefrage verneint.

Im Neuen Testament greift Paulus die entsprechende Tradition des Alten Testaments wieder auf, bestimmt aber das Verhältnis zwischen Sünde und Leiden neu: Im Römerbrief heißt es, die Universalität der Sünde sei der Grund für die Universalität der Leiden (bzw. physischen Übel). In den Evangelien wird die erbarmende Liebe Gottes in den Vordergrund gestellt, die sich im stellvertretenden Leiden des Gottessohnes offenbart - ein Motiv, das bei Isaias durch Erwähnung des Gottesknechtes vorgeprägt ist. Durch Christi Leiden gilt die Sünde der Menschen als getilgt, es bleiben aber die zeitlichen Sündenstrafen. Eine Erlösung von physischen Übeln kann der Mensch erst im Jenseits (Bergpredigt) bzw. am Ende der Zeit nach der Wiederkunft Christi (Apokalypse) erwarten. Der Sinn, den der Gläubige bereits im Diesseits mit den Leiden verbinden kann, besteht außer im Bewußtsein, daß die Leiden als Sündenstrafen gerechtfertigt sind, in der Hoffnung auf die Erfüllung der Verheißung Christi, daß das tägliche Kreuz dem Gläubigen Anteil an Christus, d.h. an seinem Leiden und damit auch an seiner Herrlichkeit vermittelt gemäß dem Christuswort (Matth. 10, 38):

> "Wer nicht sein Kreuz auf sich nimmt und mir nachfolgt, ist meiner nicht würdig - wer aber das Leben um meinetwillen verliert, wird es gewinnen." (Vgl. hierzu auch Kapitel I.2 dieser Arbeit)

Für das gesamte Mittelalter wurde bezüglich der Theodizeefrage die Position des Augustinus bestimmend, der im wesentlichen den Standpunkt des Neuen Testaments übernimmt; das physische Übel ist im allgemeinen Sündenstrafe wegen der Universalität der Sünde.[5] In einigen Ausnahmefällen ist nach Auffassung des Augustinus das physische Übel nicht als Sündenstrafe deutbar (z.B. im Falle des Leidens unschuldiger Kinder), sondern dient der Läuterung und Bewährung.[6] Für das physische Übel - zumal im nichtgeistigen Bereich - sieht Augustinus, einen Gedanken aus Platons "Theatitet" aufgreifend, auch einen Grund in der "Beschränktheit der niederen Geschöpfe"[7]. In der notwendigen Stufenordnung der Geschöpfe muß das Einzelne der Vollkommenheit des gegliederten Ganzen dienen.[8] Die Möglichkeit der Sünde ist gegeben mit der Erschaffung des endlichen Geistes, dessen Willensfreiheit seine Wesensrealisierung ausmacht.[9]

Über die Frage nach der Möglichkeit des Übels hinausgehend, stellt Augustinus auch die Frage nach dem Grund dafür, daß Gott dieses Übel zugelassen habe; er hält diese Zulassung für vereinbar mit Gottes Güte, da Gott letztendlich alles Übel zum Guten wenden wird, da er "aus dem Übel das Gute schaffen" ("de malis bene facere")[10] kann. Wie, das heißt, auf welche Weise, Gott dies vollbringen kann, läßt Augustinus allerdings offen. Gegen Irenäus, der die Existenz der Hölle für unvereinbar hielt mit der Güte und Barmherzigkeit Gottes, verteidigte Augustinus die Existenz der Hölle, und zwar in dem Sinne, daß sie physische Qualen von unendlicher Dauer bedeute.[11] (Shelleys Stellungnahme zum Thema "Hölle": Vgl. Kapitel I.4 sowie I.7 dieser Arbeit; heutige Interpretation der "Hölle": Kapitel I.9).

Neben dem Standpunkt des Augustinus gab es noch einige davon abweichende patristische Lehren bezüglich des Theodizeeproblems: Wie bereits erwähnt, gab es in gewissen Punkten eine Kontroverse zwischen Augustinus und Irenäus: Nach Irenäus' Auffassung hat Gott den Fall des

Menschen nicht nur zugelassen - wie es Augustinus darstellte - sondern ausdrücklich geplant und gewollt, da der Mensch durch eigene Anstrengung reifen, durch Christus vollendet und so zum Partner Gottes werden sollte. Eine Hölle gebe es nur theoretisch, potentiell, nicht aber praktisch, realiter, da alle Menschen von Gott vor der ewigen Verdammnis gerettet würden bzw. gerettet worden seien.[12] (Wahrscheinlich hat Shelley die entsprechende Schrift des Irenäus gelesen; vgl. Kapitel I.5; II.2.d).

Um die Vereinbarkeit der Existenz der Hölle mit der Güte Gottes ging es auch Origines: Wegen der Barmherzigkeit Gottes könne - so argumentiert Origines - weder angenommen werden, daß die Hölle physische Qualen impliziere, noch daß es sich um Qualen von unendlicher Dauer handele. Vielmehr müsse ein innerer Zusammenhang zwischen Vergehen und Strafe bestehen, der dadurch gegeben sei, daß die "Qualen" im wesentlichen in der Reue des Menschen bzw. in "Gewissensbissen" bestehen und außerdem wegen der Endlichkeit des Vergehens auch nur von endlicher Dauer seien.[13] Letztendlich werde Gott die gesamte Schöpfung - einschließlich der Sünder, Verdammten und Dämonen - zu einem Zustand der Glückseligkeit wiederherstellen[14] (Apokatastasis).

Die Lehre von der Apokatastasis wurde außer von Origines noch von weiteren Schriftstellern der Patrisitk vertreten (z.B. Gregorius von Nyssa), während der Reformationszeit auch von den "Wiedertäufern". Diese Lehre wurde sowohl mehrfach vom katholischen kirchlichen Lehramt abgelehnt (zuerst von der Synode von Konstantinopel 543) als auch von der Augsburger Konfession.[15] Gleichzeitig wurde vom katholischen kirchlichen Lehramt die zeitlich nicht begrenzte Dauer der Höllenstrafe festgestellt (in Canones ad Originem). Über die Art der Höllenstrafe existieren keine eigentlichen dogmatischen Aussagen.[16]

Auch Boethius geht in seiner Schrift "De Consolatione philosophiae" ausgiebig auf das Theodizeeproblem ein, wobei er im wesentlichen den Standpunkt Platons aus dem "Nomoi" aufgreift, daß es dem Menschen an der rechten Perspektive fehle, um die wahre Ordnung der Welt zu erkennen. Wörtlich heißt es:

> "So kommt es, daß alle Dinge durch ihre eigene Natur zum besten bestimmt und gelenkt werden, wenngleich auch alles voller Regellosigkeit und Unordnung erscheint, da ihr diese Ordnung ganz und gar nicht zu erkennen vermögt."[17]

Ein wesentlich neuer Gesichtspunkt im Zusammenhang mit dem Theodizeeproblem tritt bei Abaelard auf: Bei Abaelard[18] - wie auch bei Nicolaus von Cues[19] und später bei Leibniz[20] - kommt das Extremalprinzip zum Tragen: Nach Meinung dieser Philosophen ist Gott dadurch gerechtfertigt, daß er die bestmögliche Welt geschaffen hat. Diese unsere Welt ist zwar nicht perfekt, aber optimal. (Vgl. zu dieser Lösung auch Kapitel I.9 dieser Arbeit).

Thomas von Aquin baut im wesentlichen die Thesen des Augustinus weiter aus. Er unterstreicht die die Vorsehung "entlastende" Defizienz der "Causae secundae".[21]

Eine prinzipiell aus dem bisher skizzierten Rahmen herausfallende Antwort auf die Theodizeefrage wurde im Mittelalter durch die Vertreter des Manichäismus erteilt: Es existiere ein von Gott unabhängiges und ihm gleichberechtigt gegenüberstehendes böses Prinzip, im wesentlichen in der Materie verkörpert, das alle Übel dieser Welt verursache. Dieser Dualismus entlastet Gott zwar von der Anklage, Übel verursacht oder zugelassen zu haben, beraubt ihn aber gleichzeitig seiner Souveränität. Ein solcher Dualismus ist mit dem Gottesbild der Bibel, überhaupt mit einem Monotheismus, unvereinbar. Daher stellte er eine ständige Herausforderung an christliche Theologen dar, durch Entwurf einer plausiblen Theodizee im Rahmen des Theismus diesem Dualismus den Boden zu entziehen.

Im Mittelalter wurde jahrhundertelang eine lebhafte Diskussion um das Theodizeeproblem geführt mit dem Hauptziel, den Manichäismus abzuwehren und dadurch die Souveränität Gottes zu retten: Wenn - und soweit - es gelingt, die Vereinbarkeit der Übel mit der Güte und Allmacht Gottes nachzuweisen, wird die vom Manichäismus angebotene Antwort auf die Frage nach der Ursache des Übels überflüssig, der Manichäismus verliert seine Plausibilität und seine Basis. Dabei konzentrierte sich die Diskussion im wesentlichen auf die Frage nach der menschlichen Handlungsfreiheit als der logischen Voraussetzung für die vom Neuen Testament wie auch von Augustinus vertretene Interpretation des moralischen Übels als Mißbrauch jener Freiheit sowie des physischen Übels als Strafe für diesen Mißbrauch. Offenbar wurde diese Antwort auf die Theodizeefrage als die plausibelste, die überzeugendste angesehen. Dabei wurde die

Diskussion der menschlichen Willens- und Handlungsfreiheit nicht zur Bestätigung der Würde des Menschen geführt, sondern allein zur Rechtfertigung Gottes und zur Wahrung seiner Souveränität.[22]

Augustinus, dessen Lösung des Theodizeeproblems radikal von der Antwort auf die Frage nach der Existenz der menschlichen Freiheit abhing, sah diese Freiheit dadurch gegeben, daß für den Menschen die kausale Determination der außermenschlichen Schöpfung durch eine moralische Sollensvorschrift ersetzt ist. Dabei blieb die Modalität des Ineinandergreifens von göttlichem und menschlichem Willen im wesentlichen umstritten,[23] das heißt ungeklärt, so daß Augustinus die Theodizeefrage insgesamt als "difficillima quaestio"[24] bezeichnete - eine Eigenschaft, die dieser Frage bis auf den heutigen Tag anhaftet.

I.2 Die Theodizeefrage als Sinnfrage

So, wie der Wert der Gesundheit oft erst im Falle der Krankheit hoch genug eingeschätzt, die Bedeutung einer Person erst durch deren Abwesenheit voll erkannt wird, so mag es auch mit Bezug auf Gedanken und geistige Inhalte sein: Solange man - im Altertum, Mittelalter und zu Beginn der Neuzeit - auf der Basis des Theismus eine positive Antwort auf die Theodizeefrage zu geben wußte, schien man sich der Tragweite dieser Frage nicht vollauf bewußt zu sein. So ist dann wohl auch jene Kritik zu verstehen, die zu Beginn der Neuzeit laut wurde: Die Erörterung der Theodizeefrage sei eine müßige Spielerei, da alles auf den vorausgehenden Glauben an Gott ankomme. Wenn die Existenz eines allmächtigen und allgütigen Gottes bereits feststehe, sei es selbstverständlich, daß alle seine Werke als gut und sinnvoll angesehen werden müßten, und die Beantwortung der Theodizeefrage geschehe lediglich auf dem Wege der Deduktion aus dem Gottesbegriff. Gehe man nun aber von der Voraussetzung aus, daß ein solcher Gott nicht existiere, so brauche man ihn auch nicht zu verteidigen.

Der Schein trügt indessen: Zum einen war diese Deduktion aus dem Gottesbegriff zu gewissen Zeiten - so zum Beispiel auch im 17. Jahrhundert - aus verschiedenen, noch zu erörternden Gründen nicht immer möglich, und der Mensch sah sich dann mit dem Widerspruch konfrontiert, daß der allgütige und allweise Gott, von dessen Existenz man ausgegangen war, ein ohnmächtiger oder aber ein bösartiger "Gott" sein müsse, da er alle Übel dieser Welt verschuldet habe, aus welchem Widerspruch der Mensch dann nur den Schluß ziehen kann, daß dieser vermeintliche Gott überhaupt nicht existiert. Dadurch geht der Mensch eines bisher als gesichert angenommenen Weltbildes verlustig, es entsteht ein geistiges Vakuum, das es auszufüllen gilt: Soweit das christliche Weltbild dem Leben des Menschen sowie dem Weltlauf insgesamt einen Sinn zuzuordnen vermochte, geht dann auch diese Sinngebung verloren und muß durch eine neue ersetzt werden, da es für den Menschen deprimierend und entwürdigend ist, in völliger Sinnlosigkeit sein Leben zu fristen.

In einer Zeit, in der die Existenz Gottes - das heißt eines übergeordneten, der Welt ihren Sinn gebenden Wesens - nicht mehr als gesichert vorausgesetzt wird bzw. werden kann, bleibt doch unabhängig davon die Frage nach Ursprung und Sinn des Übels bestehen. Gibt man sich nun nicht damit zufrieden, alles, insbesondere auch Übel und Leid, als völlig sinn- und zwecklos hinzunehmen, so ergibt sich folgendes: Die Frage, ob etwas einen "Sinn" habe, ist gleichbedeutend mit der Frage, ob es auf einen - übergeordneten - Zweck hingeordnet sei.[1] Findet man einen solchen Zweck, so ist er entweder Endzweck oder selbst einem weiteren Zweck untergeordnet. Nun folgt aber aus dem Begriff von der Einheit und dem Zusammenhang der Welt, welcher nach Auffassung vieler Autoren (so zum Beispiel auch J. Kremers[2]) dem menschlichen Geist intuitiv gegeben ist, daß es nicht mehrere voneinander unabhängige Endzwecke geben kann, da die Welt sonst ein zusammenhangloses Konglomerat wäre. Folglich müssen alle Zwecke auf einen einzigen höchsten Endzweck hingeordnet sein. Ferner sei es eine ebenso intuitiv erfaßte Gewißheit, daß ein solcher Endzweck nur ein Gut, nicht irgendeine abstrakte wertfreie Realität sein könne. Dieses der Welt übergeordnete Gut werde dann "Gott" genannt.

In dieser Form deckt sich die positive Beantwortung der Frage nach dem Sinn des Übels in der Welt - also die Antwort auf die erweiterte, verallgemeinerte "Theodizee"-Frage - mit dem Gedankengang des teleologischen Gottesbeweises. In dieser verallgemeinerten Form wurde die Theodizeefrage seit der Aufklärung bis ins 19. Jahrhundert hinein oft gestellt. Insgesamt ergibt sich nun folgendes Ergebnis bei der Diskussion der Theodizeefrage: Unabhängig davon, ob man bei der Diskussion der Theodizeefrage nun die Existenz Gottes vorausetzt oder diese aus der Beschaffenheit der Welt erst zu erschließen versucht: In jedem Fall ist die Frage nach der Rechtfertigung Gottes und die Frage nach dem Dasein Gottes eine und dieselbe Frage[3]; denn wenn man unter der Voraussetzung der Existenz Gottes zu der Erkenntnis kommt, daß Gott angesichts des Übels der Welt nicht zu rechtfertigen sei, ergibt sich ein Widerspruch zu der Voraussetzung, von der ausgegangen wurde (siehe oben), so daß die Voraussetzung als unzutreffend und damit die Nichtexistenz Gottes erwiesen ist.

Stellt man aber die Theodizeefrage in der oben erwähnten verallgemeinerten Form, so hängt von deren Beantwortung auch die Frage ab, ob auf die Existenz eines weisen und guten Weltbaumeister geschlossen werden kann. In jedem der beiden Fälle wird die Theodizeefrage zur prinzipiellen Sinnfrage: An ihr entscheidet es sich, ob die Welt insgesamt als sinnvoll anzusehen ist, das heißt, als von einem übergeordneten Wesen sinnvoll geschaffen und gelenkt, oder aber als gekennzeichnet durch Zufälligkeit, Sinn- und Zwecklosigkeit, über deren Ursprung nichts erkennbar ist.

Wie sieht nun diese Vorstellung vom "Sinn" der Welt und des Menschenlebens im Falle einer positiven (das heißt bejahenden) Antwort auf die Theodizeefrage (im obigen Sinne) aus?

Bereits Augustinus beantwortete ja - im Rahmen der christlichen Theologie - diese Frage in großen Zügen, indem er feststellte, Gott habe das Übel zugelassen, weil er es (d.h. das Übel) letztendlich in ein übergeordnetes Gut verwandle (Vgl. Kapitel I.1 dieser Arbeit). Ein solch höheres Gut stellt zum Beispiel das Offenbarwerden eines noch höheren Maßes an göttlicher Güte und Allmacht dar durch die Tatsache, daß Gott die Welt aus Sünde und Leid heraus dennoch zum Guten führt - im Vergleich zu dem Fall, daß diese Überwindung nicht notwendig gewesen wäre. Das ist ein "bonum" auf seiten Gottes.

Worin besteht nun aber das "Gute" für die Welt, der Sinn, auf den die Welt und das Menschenleben hingeordnet ist? Michael Schmaus (ehemaliger Professor der Theologie, Universität München) gibt in seinem Aufsatz über "Elemente einer christlichen Geschichtstheologie" eine im Rahmen der christlichen Offenbarungstheologie liegende Sinndeutung der Weltgeschichte wie des Einzellebens des Menschen.[4] Diese Sinndeutung kann insofern als nicht nur für die Gegenwart gültig angesehen werden, als sie im wesentlichen mit entsprechenden Überlegungen des Augustinus übereinstimmt.[5]

Schmaus geht von einer Deutung der Offenbarung des Johannes aus: Er deutet das im 5. Kapitel genannte Buch mit den 7 Siegeln, die niemand zu lösen vermochte, als "die menschliche Geschichte". In diesem Buch ist "der Sinn der Geschichte und des Einzellebens aufgezeichnet." Nur das in der Offenbarung genannte "Lamm, das aussah wie geschlachtet und doch lebend", vermochte das Buch zu öffnen. Dieses Lamm ist Christus, der durch seinen Opfertod den Sinn der Geschichte gestiftet hat.[6] Der wahre

Sinn des Einzellebens wie des Kollektivs der Menschen (und damit der Geschichte) ist das Auferstehungsleben, das Christus durch seinen Kreuzestod und seine eigene Auferstehung ermöglicht hat. Dieses Auferstehungsleben ist ein Leben ohne Tod, Übel und Leid: "Der Tod wird nicht mehr sein, keine Trauer, keine Klage, keine Mühsal. Denn was früher war, ist vergangen." (Offenbarung 21, 4)

Dieses Auferstehungsleben ist jedoch nicht im diesseitigen Leben realisierbar, sondern jenseits davon. Ebenso liegt der Sinn der Geschichte jenseits ihrer selbst.[7] "Ich sah einen neuen Himmel und eine neue Erde, denn der erste Himmel und die erste Erde sind vergangen." (Offenbarung 21, 1). Für den einzelnen ist dieses Ziel des Auferstehungslebens nur erreichbar durch (geistige) Vereinigung mit Christus gemäß dem Wort aus dem Epheserbrief (Eph. 5, 30) "Denn wir sind Glieder seines Leibes" (wobei sich das Possessivpronomen auf Christus bezieht) gemäß dem Christuswort (Joh. 15, 5): "Ich bin der Weinstock, ihr seid die Reben". Diese Vereinigung mit Christus, die den Christen der Auferstehung teilhaftig werden läßt, bedeutet aber auch Teilnahme am Kreuz Christi: "Wer nicht sein Kreuz auf sich nimmt und mir nachfolgt, ist meiner nicht würdig" (Mt. 10, 38); bzw.: "Wer mein Jünger sein will, ..., nehme täglich sein Kreuz auf sich und folge mir nach." (Lukas 9, 23). Entsprechend: "Selig die Trauernden, denn sie werden getröstet werden" (Mt. 5, 4). Für den Christen bedeutet dies, daß das tägliche Kreuz, das er zu erdulden hat, einen direkten, eindeutigen Sinn besitzt: Es ist die Voraussetzung, der Weg, das Medium zur Erlangung des Auferstehungslebens. Der Sinn der Geschichte wie jedes einzelnen Lebens besteht dann darin, daß die mit Christus vereinigten Menschen zusammen mit diesem (der "Gesamtchristus") in das Auferstehungsleben eingehen.

In seinem Aufsatz "Theodizee als Haeresie"[8] weist Hermann Lübbe darauf hin, daß das Wort "Sinn" in der Bedeutung von Handlungssinn auf Bestände wie Leben, Geschichte, Leiden, die eigentlich text- und handlungstranszendent sind, kaum früher als im letzten Viertel des 19. Jahrhunderts angewendet wurde. Lübbe stellt fest, daß es unter Zugrundelegung dieser Wortbedeutung von Sinn als "Handlungssinn" dem Menschen nicht möglich ist, unabhängig von der obengenannten, aus der Offenbarung entnehmbaren Sinndeutung kraft eigener Vernunft im Verlauf der

Weltgeschichte oder des Einzellebens irgendeinen Handlungssinn zu erkennen.

In dieser Unmöglichkeit erfahre der Mensch seine Kontingenz, d.h. seine "schlechthinnige Abhängigkeit". Wörtlich heißt es bei Lübbe:

"In der Erfahrung schlechthinniger Abhängigkeit wird die Kompetenz der subjektiven praktischen Vernunft dementiert, sich zum Ganzen des Lebens und der Welt als approbierende Instanz in Beziehung zu setzen. Eben das läßt die Bedingungen der Nötigkeit der Religion erfahren, in der Erfahrung nämlich der Unmöglichkeit, Welt und Leben handlungssinnanalog zu denken."[9]

Nun ist dem Christen aber außer jenem transzendenten Sinn (des Einzellebens wie der Geschichte) durch das Evangelium noch ein anderer, weltimmanenter Sinn gegeben, ein Handlungsspielraum, dessen Handlungssubjekt er, der Mensch, selber ist; eine diesseitige Zielsetzung - gleichsam als Abbild und Vorwegnahme der aufs Jenseits bezogenen: "Euch ... muß es zuerst um sein (i.e. Gottes) Reich und um seine Gerechtigkeit gehen, so wird euch alles andere dazugegeben werden", heißt es in Mt. 6, 33.

Was oder wo ist dieses "Reich Gottes"? "Das Reich Gottes ist (schon) mitten unter euch" erfahren wir in Lk 17, 21. Das bedeutet, daß das Reich Gottes schon begonnen hat auf dieser Welt, daß es auf dieser Welt schon realisiert werden kann und soll. "Was sollen wir tun?" fragen die Menschen Jesus. "Wer zwei Gewänder hat, der gebe eines davon dem, der keines hat, und wer zu essen hat, der handle ebenso", lautet die Antwort (Lk 3, 11). Offenbar impliziert das "Reich Gottes" also Nächstenliebe bzw. soziale Gerechtigkeit im individuellen wie im kollektiven Bereich. Doch dieses Reich Gottes beschränkt sich nicht auf materielle Aspekte:"... das Reich Gottes ist nicht Essen und Trinken, es ist Gerechtigkeit, Friede und Freude im Heiligen Geist." (Röm. 14, 17). Diese bedeutet: Der Mensch soll bereits im Diesseits, auf dieser Erde, auf eine Lebensordnung hinarbeiten, die, unter materiellen wie ideellen Gesichtspunkten betrachtet, dem Geist des Evangeliums entspricht.

In dieser immanenten, diesseitigen Zielsetzung kommt dem Übel und dem Leid eine völlig andere Bedeutung zu als bezüglich des obengenannten transzendenten Zieles des Auferstehungslebens, wo es als die Voraussetzung zur Erreichung dieses Zieles akzeptiert und erduldet werden muß: Die diesseitige Zielsetzung hingegen erstrebt die Überwindung bzw. Beseitigung von Leid und Übel.

Diese diesseitige, weltimmanente Zielsetzung ist jahrhundertelang von der Kirche übersehen oder gering geachtet worden. Es fand eine Engführung des Heilsverständnisses statt, die fast ausschließlich auf den obengenannten jenseitigen Sinn des Lebens und der Geschichte verwies: sich - zumindest im Mittelalter - damit zufrieden gab, daß die Erde ein Jammertal sei, und den Menschen auf ein besseres Jenseits vertröstete. Dadurch entfremdete sich die Kirche alle jene, denen diese diesseitige Zielsetzung wichtig erschien.

Erst durch die vehemente Betonung dieses - weltimmanenten - Zieles durch verschiedene Gruppen, die teilweise außerhalb der Kirche standen, wurde die Kirche wieder auf dieses Ziel aufmerksam gemacht - welches in den ersten nachchristlichen Jahrhunderten durchaus beachtet worden war - und die Kirche gab diesem Ziel wieder einen angemessenen Stellenwert innerhalb ihrer Lehre wie auch in ihren konkreten Bestrebungen: zum Beispiel im Rahmen der "Theologie der Befreiung".

Ein völlig neuer Aspekt ergibt sich für den Menschen dann, wenn er - wie dies im 17. und 18. Jahrhundert in Europa weitgehend der Fall war - die ursprüngliche, von der verallgemeinerten Theodizeefrage ausgehende Sinnfrage mit "Nein" beantwortet, wenn es dem Menschen also nicht möglich ist, trotz und hinter allem Übel eine dieser Welt übergeordnete Macht zu sehen. Da es für den Menschen deprimierend und entwürdigend wäre, sein Leben unter dem Vorzeichen völliger Sinnlosigkeit führen zu müssen und alles Übel und Leid als völlig zwecklos einfach passiv hinzunehmen, wurde in solchen Fällen meist ein Ausweg gesucht - und gefunden - in Gestalt einer andersartigen - oder zumindest anders fundierten - Sinngebung des Lebens.

Den Fall einer andersartigen - von der traditionellen, rationalen - abweichenden Sinngebung kann man z.B. bei Kant studieren: Seine erkenntnistheoretische Basis reichte nicht dazu aus, die Existenz einer der Welt übergeordneten, sinngebenden Macht theoretisch hinreichend sicherzustellen. Dennoch sah er - aus pragmatischen Gründen - die Welt so an, als ob eine solche Macht, ein solcher Sinn existierten: Gott stellt in diesem System keine "konstitutive", d.h, theoretisch sichergestellte, sondern lediglich eine "regulative" Idee dar, d.h. eine solche, die es ermöglicht, die Welt so zu betrachten, als ob die Existenz dieser "Idee" (dieses Prinzips) sichergestellt wäre, d.h. die Welt wird so betrachtet, als ob sie einen Sinn hätte. Die Existenz einer solchen übergeordneten, sinngebenden Macht ist jedoch nicht mehr rational sicherzustellen: "So mußte ich denn das Wissen aufheben, um zum Glauben Platz zu bekommen", schreibt Kant.[10]

Dieser Ansatz, den Glauben an Gott - und damit an einen transzendenten Sinn - ausschließlich auf das Gefühl zu gründen, wird dann in der protestantischen Religionsphilosophie weiter ausgebaut: Diese Linie führt über Schleiermacher bis zu Rudolf Otto. Sie erreicht in Kierkegaard ein Extrem, indem die ursprüngliche im Mittelalter bestehende Verbindung von Glaube und Denken aufgehoben und gleichsam in ihr Gegenteil verkehrt wird: "Intellige, ut credas; crede, ut intelligas" heißt es bei Augustinus,[11] um anzudeuten, daß einerseits das philosophische Denken zu einem Vorbau der eigentlichen Theologie wird - wegen der auch vom Vaticanum bestätigten[12] Möglichkeit, Gott aus den geschaffenen Dingen mit dem Lichte der natürlichen Vernunft zu erkennen, gemäß Weish. 13, 1-9 und Röm. 1, 20; andererseits das rationale Denken des Menschen die geoffenbarten Glaubenswahrheiten soweit als möglich zu durchdringen und zu verstehen sucht ("Fides quaerens intellectum"). Bei Kierkegaard nun treten Glaube und Denken nicht nur auseinander, sondern in Gegensatz zueinander, da Gott als das unserer zeitlichen Welt gegenüber ganz Andere - ja sogar Paradoxe - angesehen wird, weshalb auch der Glaube selbst paradox sein müsse, in dem Wagnis bestehe, das objektiv Ungewisse mit Leidenschaft zu wählen, was Kierkegaard eindringlich zeigt in seiner Psychoanalyse Abrahams angesichts des Auftrags Gottes, seinen Sohn Isaak zu opfern.[13] Dem oben zitierten Augustinuswort "Intellige, ut credas; crede, ut intelligas" steht Kierkegaards "credo, quia absurdum est" gegenüber[14] - ein Schlagwort, das oft Tertullian zugeschrieben wird, in Wahrheit aber nicht in dieser Form, sondern nur dem Inhalt nach von ihm geäußert wurde, und zwar zu einer Zeit, als er nicht mehr der Kirche, sondern einer montanistischen Sekte angehörte.[15]

Eine etwas andersartige, ebenfalls auf emotionaler Basis beruhende Sinngebung finden wir in der Dichtung Friedrich Schillers: Um dem

Menschen das bittere Erlebnis der Sinnlosigkeit von Leid und Tod zu ersparen, wird hier die Existenz von "Idealen" angenommen, für die es sich lohnt, im konkreten Fall zu leiden und zu sterben, die jedoch über den Charakter der emotional gestützten Fiktion nicht hinauskommen.[16]

Von Kants "Gott ist nicht beweisbar" führt nur ein kleiner Schritt bis zu Hegels[17] und Nietzsches[18] "Gott ist tot".

Während jedoch bei Nietzsche diese Aussage endgültige Bedeutung hat, kommt ihr bei Hegel nur vorläufiger Charakter zu, gleichsam die Funktion einer noch zu überwindenden Durchgangsstufe, eines ersten Schrittes im Rahmen eines dialektischen Dreischrittes, der durch These und Antithese zu einer Synthese gelangt, die die beiden vorhergehenden Stufen überwindet: Seit Kant ist "Gott tot" als Gegenstand des Wissens. Aber es liegt im Wesen Gottes, zu sterben und wieder lebendig zu werden. Diesen lebendigen Gott will Hegel in seinem System aufweisen. In den "Vorlesungen über die Philosophie der Religion" heißt es:

> "Es tritt nun aber auch eine weitere Bestimmung ein. Gott ist gestorben, Gott ist tot - dieses ist der fürchterlichste Gedanke, daß alles Ewige, alles Wahre nicht ist, die Negation selbst ein Gott ist, der höchste Schmerz, das Gefühl der vollkommenen Rettungslosigkeit, das Aufgeben alles Höheren ist damit verbunden. - Der Verlauf bleibt aber nicht hier stehen, sondern es tritt nun die Umkehrung ein; Gott nämlich erhält sich in diesem Prozeß, und dieser ist nur der Tod des Todes. Gott steht wieder auf zum Leben. Es wendet sich somit zum Gegenteil."[19] Weiter: "Dieser Tod aber, obwohl natürlicher, ist der Tod Gottes und so genugtuend für uns, indem er die absolute Geschichte der göttlichen Idee, das, was an sich geschehen ist und was ewig geschieht, darstellt."[20]

Gott wird hier als identisch angenommen mit dem "absoluten Geist", der - nach Hegel - in immer neuen dialektischen Schritten zu sich selbst kommt. Dieses "zu-sich-selbst-kommen" des Weltgeistes sei Sinn der Welt und der Geschichte.

Anders bei Nietzsche: Hier heißt es: "Gott ist tot! Gott bleibt tot! Und wir haben ihn getötet!"[21]

Es ist viel über den Charakter des Hegelschen "absoluten Geistes" philosophiert worden zur Beantwortung der Frage, ob dieser Geist als weltimmanent oder als transzendent anzusehen sei. Während die sog. Hegelsche Rechte (um Gabler, Henrichs, Göschel) Hegel im letztgenannten Sinne verstand, deutete die Hegelsche Linke (um Strauß, Feuerbach, Marx, Engels) Hegel im Sinne des Atheismus, da der "absolute Geist" nur weltimmanent gedacht werden könne. Die Begründer des dialektischen Materialismus - Marx und Engels - beriefen sich ausdrücklich auf Hegel.[22]

Nach dem Verlust des Glaubens an Gott und der damit verbundenen Sinngebung suchen sowohl Nietzsche als auch Marx nach einer neuen, immanenten Sinngebung, und zwar geschieht dies auf zwei Arten: im typischen Sinne der Gestalt des "Übermenschen" bei Nietzsche; bei Marx im kollektiven Sinne in Gestalt einer sich auf einen materiellen wie sozialen Idealzustand zu entwickelnden Gesellschaft.

Mit Bezug auf seinen "Übermenschen" schreibt Nietzsche:

> "Aber irgendwann ... muß er uns doch kommen, der erlösende Mensch der großen Liebe und Verachtung, der schöpferische Geist ... Dieser Mensch der Zukunft, der uns ebenso vom bisherigen Ideal erlösen wird als von dem, was aus ihm wachsen mußte, vom großen Ekel, vom Willen zum Nichts, vom Nihilismus, dieser Glockenschlag des Mittags und der großen Entscheidung, der den Willen wieder frei macht, der der Erde ihr Ziel und dem Menschen seine Hoffnung zurückgibt, dieser Antichrist und Antinihilist, dieser Besieger Gottes und des Nichts - er muß einst kommen."[23]

Nietzsches Konstruktion des Übermenschen stellt eine Art Theosis dar, mit deren Hilfe der totgesagte Gott durch ein immanentes Prinzip, nämlich den Typ des "Übermenschen", ersetzt werden soll, um so eine Basis für eine Sinngebung zu schaffen.

Anders verläuft der Ansatz bei Marx: Hier wird die neue (immanente) Sinngebung - nach Verlust der transzendenten - nicht an eine Gestalt sondern an ein - genauer: an das - Kollektiv der Menschen geknüpft: Gestützt auf einen quasi axiomatischen Glauben an die Möglichkeit eines stetigen Fortschritts der Gesellschaft in materieller wie sozialer Hinsicht, wird eine klassenlose, auf materieller Hochentwicklung aufgebaute Gesellschaftsordnung angestrebt, in der Übel und Leid so weit wie möglich ausgeschaltet und überwunden sind, indem der Mensch in Harmonie mit der Natur und der sozialen Umwelt lebt. Die Erreichung dieses Ziels sowie das Hinarbeiten auf dasselbe, das ist der neue Sinn des Lebens des Einzelnen wie der Geschichte.

Unter ausdrücklicher Bezugnahme auf Hegel - nämlich in der "Kritik der Hegelschen Rechtsphilosophie" - schreibt Marx:

> "Es ist also die Aufgabe der Geschichte, nachdem das Jenseits der Wahrheit verschwunden ist, die Wahrheit des Diesseits zu etablieren."[24]

Diese Zielsetzung ist deutlich verwandt mit der auch im Christentum vorhandenen innerweltlichen Zielsetzung; sie ist jedoch völlig losgelöst von jeder Transzendenz: Wird das "Reich Gottes" primär um Gottes Willen angestrebt und durch die Anwesenheit des Heiligen Geistes gekennzeichnet sein, so kennt - im Gegensatz dazu - der Marxismus nur rein innerweltliche Motive und Faktoren. Der Blick nach oben ist abgelöst worden durch den Blick nach vorn auf den sogenannten "utopischen Fluchtpunkt", auf das "utopische Omega", wie E. Bloch es nennt. Dies ist die neue "prozeßhafte" Sinnperspektive. Das eminent christliche Prinzip der Hoffnung erfährt eine Sinneinengung auf das Immanente, Diesseitige.

Mehr noch: die Sinngebung des Marxismus ist nicht nur losgelöst von jeder Transzendenz, sondern gerät auch teilweise in Gegensatz zu derselben bzw. zur Religion - bis zum Kampf gegen dieselbe, da diese den Blick und die Energie des Menschen auf ein - imaginäres - Jenseits lenke und die Menschen daher daran hindere, ihre innerweltlichen Aufgaben zu erkennen und zu bewältigen. "Religion ist Opium des Volkes", heißt es bei Marx.

Auch bezüglich der Bewertung des Einzelmenschen steht der Marxismus in schroffem Gegensatz zu der Auffassung des Christentums: Im Christentum kommt dem Einzelmenschen als dem Ebenbild Gottes ein außerordentlich hoher Wert zu: Es "herrscht auch bei den Engeln Gottes Freude über einen einzigen Sünder, der umkehrt" (Lk, 15, 10). Dabei ist der "einzelne" nicht als ein anonymer Singular zu verstehen, sondern als der je konkrete Einzelmensch in seiner unverwechselbaren Identität und Einmaligkeit: "Fürchte dich nicht, denn ich habe dich erlöst. Ich habe dich beim Namen gerufen, du gehörst mir." (Jes. 43, 1). Da der Wert des Einzelmenschen - wie gesagt - auf seiner Gottebenbildlichkeit beruht, ist dieser Wert unabhängig von der Tüchtigkeit bzw. Leistungsfähigkeit des Menschen, d.h. dieser Wert kommt dem Schwachen, Unfähigen, Hilfsbedürftigen (dem "Geringen") ebenso zu wie dem Leistungsfähigen und Mächtigen: "Was ihr einem meiner geringsten Brüder getan habt, das habt ihr mir getan." (Mt. 25, 40). Dabei sind offenbar - wie speziell aus dem letzten Zitat hervorgeht - das Leben, die Würde und die elementaren Grundrechte des einzelnen unantastbar.

Anders liegen die Dinge im Marxismus: Hier beruht der Wert des einzelnen wesentlich auf seinem Beitrag zum Fortschritt und Wohlergehen des Kollektivs, demgemäß hat jeweils das Interesse des Kollektivs Vorrang vor den Interessen und Rechten des einzelnen, die durch das Kollektiv eingeschränkt oder modifiziert werden können, da der Mensch ja - nach der Lehre des Marxismus - ohne das Kollektiv nichts bedeutet, ja, sein gesamtes Wesen diesem verdankt: "... das menschliche Wesen ist ... das Ensemble der gesellschaftlichen Verhältnisse," heißt es bei Marx.[25]

Im Gefolge der geistigen Situation Europas, die seit der Aufklärung durch einen weitgehenden Verlust der Beziehung zur Transzendenz gekennzeichnet ist, nahm diese immanente Sinngebung nach marxistischem Prinzip einen breiten Raum in der Geistesgeschichte wie auch in der Geschichte überhaupt ein.

Auch Shelley schloß sich - wie in Kapitel I.8 noch genauer dargestellt wird - aufgrund seines "Nein" zur Theodizeefrage der ausschließlich auf immanente Ziele ausgerichteten geistigen Strömung an, legte das Hauptgewicht seines dichterischen Lebenswerkes auf die Erreichung dieser weltimmanenten Zielsetzung, in beiden - im "Nein" zur Theodizeefrage wie auch in seiner Zielsetzung - im wesentlichen seinem Landsmann und Schwiegervater William Godwin folgend (vergleiche auch Kapitel I.3 dieser Arbeit).

Erwähnt werden muß, daß selbstverständlich auch dort, wo Gott und die Welt in eins gesehen werden, wie etwa im Pantheismus Spinozas, die immanente Sinnperspektive eine starke Betonung erfährt, da sie nun - wegen der weitgehenden Identität der Welt mit Gott - die einzig mögliche ist. Walter Sparn schreibt hierzu:

> "... im Pantheismus Spinozas erscheint Gott als die Ursache allein des Wirklichseins der Welt, so daß die Frage nach dem Gutsein der Welt nicht mehr im Blick auf Gott gestellt werden kann. Das Gutsein der Welt muß nunmehr als Ziel der menschlichen Praxis gedacht werden."[26]

Dabei glaubt Spinoza, der Mensch könne auf diesem Wege - d.h. durch diese Tätigkeit - sein eigenes Sein zu höchster Vollkommenheit steigern. In seiner "Abhandlung über die Verbesserung des Verstandes" schreibt Spinoza:

> "Vor allem aber muß ein Mittel erdacht werden, den Verstand zu heilen, und ihn, soweit es im Anfang möglich ist, zu reinigen, damit er die Dinge glücklich, ohne Irrtum und möglichst vollkommen erkenne. Hieraus kann schon jeder sehen, daß ich alle Wissenschaften auf einen Zweck und auf ein Ziel hinleiten will, nämlich darauf, jene höchste menschliche Vollkommenheit, von der wir gesprochen haben, zu erreichen."[27]

Die weltimmanente Zielsetzung des Spinozismus wurde gelegentlich verabsolutiert und von ihrem Kern losgelöst, d.h. der Spinozismus wurde im Sinne des atheistischen Marxismus interpretiert: In seinem Vortrag in der feierlichen Sitzung der Kommunistischen Akademie in Moskau aus Anlaß des Todestages Spinozas formuliert Alexander Deborin (im Jahre 1928):

> "Wenn wir uns hier in den Räumen der Kommunistischen Akademie versammeln, um Spinozas zu gedenken, so aus ganz anderen Gedankengängen heraus, als die, von denen sich die Veranstalter der Haager Feierlichkeiten leiten ließen: für uns ist Spinoza im großen und ganzen ein hervorragender Atheist und Materialist."[28]

Selbstverständlich ist Spinoza nicht durchgängig so gedeutet worden, der Zusammenhang allen menschlichen Handelns mit dem göttlichen Prinzip, den es nach Spinoza immer geben muß, wurde nicht einfach ignoriert. N. Altwicker schreibt:

> "Denkende Erkenntnis und rationales Handeln bedürfen nach Spinoza bezüglich ihres Wahrheitsgehaltes und Geltungscharakters der Grundlegung durch das göttliche Prinzip."[29]

Altwicker zitiert als Beleg für diese Aussage eine Stelle aus Spinozas "Ethik". Sie lautet:

> "Denn je mehr ein denkendes Wesen denken kann, desto mehr Realität oder Vollkommenheit muß darin auch unserem Begriffe nach enthalten sein ... Da wir also, indem wir bloß auf das Denken achten, ein unendliches Wesen begreifen, so ist das Denken notwendig eines von den unendlichen Attributen Gottes."[30]

Man sieht am Beispiel Spinozas besonders deutlich, wie weit der Spielraum der Um- bzw. Mißdeutungen philosophischer Systeme reicht. Norbert Altwicker schreibt hierzu:

> "Kein anderes Philosophem, sei es etwa das platonische, aristotelische oder cartesianische Denkmotiv, zeigt sich der Entstellung, Mißdeutung und militanten Kritik stärker ausgesetzt als das des Spinoza."[31]

Die Betonung der weltimmanenten Zielsetzung innerhalb des Spinozismus führte dazu, daß auch Shelleys bereits erwähnte, auf Verbesserung und Reform der Welt gerichteten Bemühungen zeitweise mit spinozistischen Motiven unterlegt wurden, und zwar im Sinne des Pantheismus, nicht des Atheismus (Vgl. Kapitel I.8 dieser Arbeit).

I.3 Die Aktualität der Theodizeefrage zu Shelleys Zeit

Schlugen bereits im Mittelalter die Wellen der Diskussion der Theodizeefrage zeitweise recht hoch, so entstand bezüglich dieses Problems im 17. Jahrhundert - noch lange danach anhaltend - eine wahre Springflut. Josef Kremer schreibt in seiner Studie über "Das Problem der Theodizee in der Philosophie und Literatur des 18. Jahrhunderts":

> "Und so drängten sich in eigentümlicher Weise im Problem der Theodizee, das nie vorher und nachher die Geister so intensiv beschäftigte als gegen Ende des 17. Jahrhunderts und in der ersten Hälfte des 18. Jahrhunderts, insbesondere seit der Reformation die philosophischen Probleme zusammen, welche der Lösung harrten."[1]

In seiner Einleitung zu Miltons "Paradise Lost" schreibt A. Fowler entsprechend:

> "For such topics as God's responsibility for evil were discussed in the seventeenth century with a hardihood that would shock many a liberal theologian of our own day."[2]

Ausgelöst wurde diese Springflut im wesentlichen durch zwei Gründe, die beide das Problem der menschlichen Willensfreiheit in zentraler Weise berühren und die demgemäß das Problem der Willensfreiheit dann auch in den Mittelpunkt der Diskussion der Theodizeefrage rückten. Einer dieser Gründe ist in dem oben angezogenem Zitat von J. Kremer schon angedeutet durch die Erwähnung der Reformation. Dieser Grund besteht in der Veröffentlichung der Prädestinationslehre Calvins und - speziell in England - in der Einführung der im wesentlichen auf der calvinistischen Lehre beruhenden 39 Glaubensartikel als verbindlicher Lehre das Anglikanismus (im Jahre 1563).

Obgleich Calvin selbst - im Anschluß an Röm. 9, 19-21 - die Theodizeefrage schon als Frage für unberechtigt hielt, da die Frage, wie der Mensch vor Gott gerechtfertigt werden könne, unvereinbar sei mit der umgekehrten Frage, wie Gott vor den Menschen gerechtfertigt werden könne,[3] löste die Prädestinationslehre dennoch die Diskussion über die Verantwortlichkeit des Menschen aus wie ein Stein, der ins Wasser fällt und immer mehr und größere Kreise zieht.[4]

Als zweiter Grund für die Anfachung der Diskussion der Theodizeefrage ist die Veröffentlichung von Newtons Schrift "Principia Mathematica Philosophiae Naturalis" zu nennen (1689), in der auf Grund der Axiomatisierung und Mathematisierung der Mechanik eine durchgängige Determiniertheit aller mechanischen Vorgänge (im Bereich der unbelebten Körper) gelehrt wurde.

Ein dritter Grund besteht im Rationalismus des Aufklärungszeitalters, der auf Klärung aller Begriffe unter ausschließlicher Benutzung der natürlichen Vernunft bestand, also z.B. eine Beantwortung der Theodizeefrage unter Benutzung von Aussagen aus der Offenbarungstheologie, wie sie nach der Zeit der Aufklärung üblich wurde, ausschloß. Dabei ist unter "Vernunft" der reine schlußfolgernde Verstand zu verstehen - unter weitgehendem Ausschluß voluntativer und emotionaler Elemente. Dieser rationalistische Standpunkt ist z.B. aus der Definition erkennbar, die Kant für das Theodizeeproblem gab:

> "Die Verteidigung der höchsten Weisheit des Welturhebers gegen die Anklage, welche die Vernunft aus dem Zweckwidrigen in der Welt gegen jene erhebt."[5]

Durch die beiden erstgenannten Gründe (Prädestinationslehre; Kausaldetermination) glaubte man die Möglichkeit der menschlichen Willensfreiheit nicht nur in Frage gestellt, sondern radikal verneint. (Welche Aspekte der Calvinschen Prädestinationslehre speziell zu dieser Meinung Anlaß geben, soll in Kapitel I.6 dieser Arbeit im einzelnen beleuchtet werden.)

Bezüglich der Behauptung der Determination des menschlichen Willens auf der Basis der Newtonschen Mechanik ist festzustellen, daß hier eine unzulässige Verallgemeinerung und Erweiterung der Newtonschen Aussagen vorliegt, da diese sich ausschließlich auf mechanische Vorgänge im Bereich unbelebter Körper bezieht. Durch Analogieschluß bzw. durch den Versuch, eine Wechselwirkung zwischen Körper und Geist zu erkennen und zu beschreiben, wurde die Aussage Newtons von vielen Philosophen über den Bereich der Physik hinaus auf das gesamte Weltgeschehen erweitert, so daß sich eine Behauptung ergab, wie sie z.B. Laplace aufgestellt hat: Wenn es einen (Welt-) Geist gäbe, dem zu irgendeinem Zeitpunkt der Zustand aller auf der Welt vorhandenen Körper und Lebewesen bekannt wäre, so könnte dieser Geist den gesamten Weltzustand für jeden späteren Zeitpunkt genau voraussagen.

Diese Meinung nun, daß der Mensch in seiner Handlungsweise entweder direkt durch Gottes Willen (Prädestinationslehre) oder durch die weltimmanente Kausalität - welche ebenfalls vom Schöpfer verursacht ist - festgelegt sei, daß er also keine Willens- bzw. Handlungsfreiheit besitze, hatte äußerst weittragende Konsequenzen: Wenn der Mensch keine Handlungsfreiheit hat, sondern sein Handeln auf die eine oder andere Art durch den Schöpfer festgelegt ist, dann kommt dem Menschen auch nicht die Verantwortung für sein Handeln zu, vielmehr ist Gott die (indirekte) Ursache aller menschlichen Verhaltensweisen, auch aller moralisch verwerflichen, also auch aller Sünden: kurz: Gott ist die Ursache alles Bösen. Dies stellt - wie bereits im vorigen Kapitel erläutert - einen logisch unerträglichen Widerspruch zu den im Gottesbegriff im wesentlichen enthaltenen Eigenschaften der Güte und der Allmacht Gottes dar. Das bedeutet, daß der Gottesbegriff dann in sich widersprüchlich, absurd, somit die Annahme der Existenz Gottes logisch nicht mehr möglich ist.

Mit einer solchen "Erkenntnis" fällt für den Menschen nicht nur ein Jahrtausende lang als gesichert geltendes Weltbild in sich zusammen, es entfällt auch die durch jenes Weltbild gestützte Sinngebung des menschlichen Lebens wie des gesamten Weltgeschehens (Vgl. Kapitel I.2). So erscheint es verständlich, daß diese Konsequenzen, die im 17. und 18. Jahrhundert wegen der oben angegebenen Prämissen von vielen gezogen wurden, eine tiefgreifende geistige Erschütterung hervorriefen, daß die für den gesamten Fragenkomplex entscheidende Frage nach der menschlichen Willensfreiheit nicht mit wenigen Worten abgetan, sondern - im Gegenteil - mit äußerster Erregung und Ausgiebigkeit diskutiert wurde. Die Theodizeefrage spitzte sich dabei also in ganz extremer Weise auf die - unter zwei Aspekten diskutierte - Willensfreiheitsfrage zu.

Josef Kremer schreibt hierzu (in seiner obengeannten Studie):

> "Das Problem der Wechselwirkung der beiden Substanzen, Geist und Materie, wurde für die philosophische Spekulation das wichtigste und für den Charakter der Systeme entscheidend, und bald wurde es zum Problem der Wirkung überhaupt. Während die Philosophie eine solche Entwicklung nahm, daß in ihr diese Fragen aufs schärfste hervortraten, mußten dieselben sich schon aus den theolo-

gischen Streitigkeiten, welche die Reformation mit sich gebracht hatte, als die schwierigsten Rätsel ergeben. Der Streit um die Willensfreiheit wurde durch die Reformation aufs stärkste entfacht."[6] Entsprechend an anderer Stelle: "Während also in der Philosophie die Frage nach der Übereinstimmung der physischen und moralischen Welt sich zunächst als Frage nach der Wechselwirkung zwischen der Welt der Körper und des Geistes aus ihrer eigensten Entwicklung ergab, drehten sich die theologischen Streitigkeiten um dasselbe Problem in der Form der Frage nach der Übereinstimmung der Dogmen von der göttlichen Vorherbestimmung und der menschlichen Willensfreiheit, welche einen wesentlichen Bestandteil der Rechtfertigung Gottes ausmachte."[7]

Die durch die Willensfreiheits- bzw. Theodizeefrage ausgelöste Erschütterung ging wie ein Erdbeben durch ganz Europa. Sparn schreibt hierzu:

"Im Gefolge Leibniz' konzentriert sich das Denken des 18. Jahrhunderts so stark auf das Theodizeeproblem, daß die gesamte Metaphysik dieser Zeit, nicht nur die rationale Theologie, sondern auch die rationale Kosmologie und die rationale Psychologie sich von ihm ihre Aufgaben stellen lassen."[8]

Hinzu kam noch die Erschütterung, die durch das wirkliche Erdbeben ausgelöst wurde, welches am 1.11.1755 Lissabon zerstörte und damit die Ansicht vieler Denker von der "prästabilierten Harmonie" dieser Welt erschütterte, die außer bei Leibniz u.a. auch in den Schriften des Antony Shaftesbury ("The Moralists", 1709) sowie Alexander Pope ("Essay on Man", 1732) zum Ausdruck gekommen war.

Diese Erschütterungen hinterließen ihre Spuren sowohl in der Theologie und Philosophie als auch in der Literatur. Einige Stationen bzw. Dokumente dieser Entwicklung sollen hier betrachtet werden. Dabei sollen wegen der Möglichkeit eines direkten Einflusses auf das Denken Shelleys zwei Schwerpunkte gesetzt werden: Einerseits soll besonderes Gewicht gelegt werden auf die Betrachtung der Verhältnisse in England im allgemeinen, wo die Diskussion um die Willensfreiheit noch wesentlich länger als in Deutschland - teilweise bis in die dreißiger, vierziger Jahre dieses Jahrhunderts - anhielt. Mit Sicherheit ist dieser Unterschied auf verschiedene Gründe zurückzuführen: zum einen auf die Tatsache, daß der Calvinismus als Basis der Anglikanischen Glaubenslehre in England eine wesentlich größere Rolle spielt als in Deutschland; sodann auf den Umstand, daß derjenige Autor, der die Leugnung der menschlichen

Willensfreiheit auf der Basis eines durchgängigen Determinismus samt allen sich daraus ergebenden philosophischen und theologischen Konsequenzen am ausführlichsten und radikalsten dargestellt hat - David Hume - sicherlich im eigenen Lande mehr Gehör fand als im Ausland, während - umgekehrt - die Versuche des deutschen Idealismus zur Rettung der Überzeugung von der Willensfreiheit - z.B. Kants Konzept von der "intelligiblen Freiheit" - in England wesentlich weniger zur Kenntnis genommen wurden als in Deutschland. Andererseits soll hier - selbstverständlich - mit einiger Ausführlichkeit auf solche philosophischen und theologischen Schriften sowie dichterischen Werke eingegangen werden, von denen - unbeschadet ihrer nationalen Zugehörigkeit - feststeht oder zumindest mit Wahrscheinlichkeit angenommen werden kann, daß sie von Shelley rezipiert worden sind.

Nachdem die katholische Kirche sich bereits auf dem Konzil von Trient (1545-65) eindeutig von der Calvinschen Lehre bezüglich der menschlichen Willensfreiheit distanziert hatte (Vgl. hierzu Kapitel I.6 der vorliegenden Arbeit), traten in der Folgezeit auch innerhalb der katholischen Kirche erhebliche Meinungsverschiedenheiten bezüglich Art und Ausmaß der Willensfreiheit auf. Stärker jedoch zeigte sich die Kontroverse innerhalb der reformierten (d.h. auf die Lehren Calvins gegründeten) Kirche: In den Niederlanden traten innerhalb der reformierten Kirche die Arminianer mit scharfem Protest gegen die Calvinsche Willensfreiheitslehre auf, was ihren Ausschluß aus der reformierten Kirche nach sich zog. Die Arminianer verglichen den Gott Calvins mit Caligula, der seine Edikte so anschlagen ließ, daß man sie nicht lesen konnte, und der dann Massenbestrafungen wegen Übertretung dieser Edikte vornahm; oder mit Katharina von Medici, die durch einen von ihr befohlenen Meuchelmord an einem Hugenotten die Empörung aller Hugenotten hervorrief, dann aber diese von ihr selbst verursachte, gerechte Empörung als Meuterei und Aufsässigkeit deutete und als Vorwand dafür benutzte, in der Bartholomäusnacht ein Blutbad unter den Hugenotten anzurichten. In einer von den Arminianern verfaßten Satire mit dem Titel "De gepresdineerde Dief" (Der prädestinierte Dieb) wurde die Lehre Calvins lächerlich gemacht. Gegen die Arminianer (oder "Remonstranten", wie sie auch genannt wurden) traten wiederum die Gomaristen (oder

"Contraremonstranten") auf, die den Ausschluß jener aus der reformierten Kirche erwirkten.

Auch in England spielten diese religiösen Streitigkeiten eine große Rolle. Hier wurden die Arminianer von Erzbischof Laud begünstigt, und politische Unruhen waren dann die Folge der reilgiösen. Im Anschluß an eine Debatte über die Frage der Willensfreiheit, die Bischof Bramhall mit Thomas Hobbes führte, entstand (1656) dessen Abhandlung "On Liberty, Necessity, and Coincidence", in der Hobbes die Konsequenzen bezüglich des Gottesbegriffs darlegt, die sich aus der Calvinschen Lehre ergeben:

Es sei weder gut, zu sagen, eine Handlung, die Gott nicht wolle, könne doch eintreten, weil das Gott einen Mangel an Macht vorwerfen heiße, noch auch sei es gut, das Gegenteil zu sagen und Gott das Böse zur Last zu legen, weil man ihm damit einen Mangel an Güte vorwerfe. So kommt Hobbes zu dem Schluß, die "Gerechtigkeit" Gottes sei nichts anderes als die Macht, die er ausübt: seine Ansicht belegt er überdies noch mit Bibelstellen.[9]

Hobbes läßt aus seiner Kette von Schlußfolgerungen das letzte Glied - zumindest explizit - aus: die Folgerung nämlich, daß ein solcher Willkürgott kein Gott, sondern ein Dämon wäre, d.h. als Gott nicht existieren kann. Diesen letzten Schluß zieht wenig später David Hume, dessen Konzept einen Meilenstein in der Geschichte des Anglikanismus darstellt.

Der Anglikanismus wurde im Laufe der Zeit von innen heraus ausgehöhlt durch eine Entwicklung, die über den rationalen Theismus Lockes und den Deismus Tolands zu Hume als ihrem vorläufigen Abschlußpunkt führte. Hume gilt als das "Ende des Deismus"[10] (und brachte damit den theoretischen Atheismus), indem er einerseits dem Deismus die Basis entzog durch "Widerlegung" der Gottesbeweise auf der erkenntnistheoretischen Grundlage des Empirismus; andererseits die logische Möglichkeit des Deismus verneinte durch seine negative Antwort auf die Theodizeefrage, wodurch der Gottesbegriff als in sich widersprüchlich, die Existenz Gottes als unmöglich erschien.

Die Basis für Humes negative Antwort auf die Theodizeefrage ergibt sich aus seiner Leugnung der menschlichen Willensfreiheit, die Hume trotz seiner Neudefinition des Kausalbegriffs als eines reinen Erfahrungswertes - und gerade mit Hilfe dieser Definition - zu begründen versucht durch Übertragung der von Newton für den physikalischen Bereich behaupteten Determiniertheit auf den menschlichen Bereich. Argumente aus dem Bereich der Prädestinationslehre werden nur kurz am Rand erwähnt. (Humes Schriften werden im Zusammenhang mit denen Shelleys in Kapitel I.5 dieser Arbeit noch ausführlich beleuchtet werden.)

Eine Anfrage an der Universität Oxford nach dem zu Shelleys Studienzeit üblichen Curriculum erbrachte unter anderem folgende Antwort:[11] Für Studenten der Theologie war die Lektüre des Alten und Neuen Testaments verbindlich; keinerlei Schriften der Patristik gehörten zum Curriculum, wohl aber die Schriften mehrerer zeitgenössicher Anglikanischer Theologen, so z.B. die 1660 verfaßte Schrift "Defensio Fidei" des Anglikanischen Bischofs John Ellis, in der die Theodizeefrage auf dem Hintergrund der Prädestinationslehre diskutiert und ein - logisch mißglückter - Versuch einer Rechtfertigung Gottes angesichts des Vorwurfs der Ungerechtigkeit unternommen wird. Da diese Schrift zur verbindlichen Pflichtlektüre für Theologiestudenten gehörte, ist anzunehmen, daß sie die für die Zeit authentische Auslegung des Anglikanischen Glaubens enthält, und es besteht eine relativ hohe Wahrscheinlichkeit, daß das in jener Schrift enthaltene Gedankengut dem Studenten Shelley, dessen theologische Interessen und dessen Diskutierfreudigkeit nicht gering waren, hinreichend bekannt waren.[12] In der Tat wiederholt Shelley in "A Refutation of Deism" fast wörtlich die bei Ellis im Zusammenhang mit der Erklärung zu Artikel XVII auftretende These, der erste Mensch habe keine tatsächliche Handlungsfreiheit besessen, da er gemäß den Bedingungen gehandelt habe, die ihm vom Schöpfer gegeben worden seien und die offenbar nicht hinreichend zur Befolgung des göttlichen Gebotes gewesen seien (Vgl. Kapitel I.4 dieser Arbeit). Ellis formuliert diesen Vorwurf gegenüber Gott selbst so: "Ille Tyrannus foret, qui ea imperaret, ad quae faciunda nunquam collatae essent vires."[13]

Ellis versucht nun, diesen Vorwurf zu entkräften und Gott zu rechtfertigen, indem er einerseits behauptet, Gott habe den Menschen sehr wohl mit ausreichenden Kräften ausgestattet: gleich darauf aber hinzugefügt, Gott habe gewollt, daß der Mensch, sobald er bemerkte, daß seine

Kräfte zur Befolgung des göttlichen Gebots nicht ausreichten, seine Zuflucht zu Christus nehmen solle:

> "Deus vero condidit hominem ut mandatis ejus implendis par esset: deinde Deus requirit ab homine legis obedientiam, non ut conatu irrito in plenam ejus adimpletionem incumbat, sed animadversa ejus impossibilitate virium naturalium respectu, ad Christum confugiat, in quo fideles omnia possunt."[14]

Hier offenbart sich nun die logische Widersprüchlichkeit und Unzulänglichkeit dieses Rechtfertigungsversuchs: Einerseits behauptet Ellis, Gott habe den Menschen mit hinreichender Kraft ausgestattet: andererseits konstatiert er, Gott habe gewollt, daß der Mensch sich Christus zuwende, sobald er bemerkt habe, daß seine natürlichen Kräfte nicht ausreichen zur Befolgung des göttlichen Gebots: Daraus geht hervor, daß die natürlichen Kräfte des Menschen nicht ausreichend waren, im Gegensatz zur weiter oben zitierten Behauptung.

Ferner: wenn Gott von den Menschen die Befolgung seiner Gebote verlangte, damit ("ut") der Mensch sich nach der Feststellung seines Mangels an entsprechender Kraft Christus zuwende, dann bedeutet dies, daß Gott diese Abfolge von Ereignissen: Gebot, Feststellung nichtausreichender Kraft, Hinwendung zu Christus - beabsichtigt und - da er selbst das Maß an menschlicher Kraft und Anspruch des Gebots und damit auch deren Unproportioniertheit festgesetzt hat - auch verursacht hat. Falls es nun dem Menschen als Schuld angerechnet wird, daß er auf Grund seiner natürlichen Kräfte Gottes Gebote nicht befolgen konnte, so ist - nach Ellis Argumentation - offenbar Gott schuld an dieser Schuld. Sieht man nun aber diese Unfähigkeit des Menschen nicht als Schuld an, weil er ja "in Christus" dann doch alles vermag, also auch die göttlichen Gebote befolgen kann, so ergibt sich - wiederum auf Grund der Ellisschen Argumentation - überhaupt keine Schuld auf Seiten der Gläubigen ("fideles"), und demnach ist auch keine Erlösung nötig. Die Rolle Christi reduziert sich dann auf die eines Beistands, eine personifizierte "gratia actualis". Beide Alternativen sind aber im Rahmen der christlichen (biblischen) Theologie als absurd anzusehen.

Fast gleichzeitig mit Ellis behandelte John Milton in seiner lateinischen Prosaschrift "De doctrina Christiana" die nämliche Thematik, ebenfalls auf dem Hintergrund der Prädestinationslehre. Seine in jener

Schrift enthaltene Feststellung, daß manche ("nonnulli") zu dem Schluß gekommen seien, Gott müsse der Urheber der Sünden sein,[15] stellt einen Beleg für die Tatsache dar, daß diese Interpretation des Calvinismus zur damaligen Zeit offenkundig nicht nur vereinzelt auftrat, sondern sehr verbreitet war. Ferner zeigen Inhalt und Abfassungszeit der beiden hier genannten Schriften von Ellis und Milton, daß die Diskussion des Theodizeeproblems allein auf der Basis der Calvinschen Lehre schon heftig im Gange war, bevor Newtons "Principa mathematica" im Jahre 1689 veröffentlicht wurden, daß diese Diskussion also nicht erst durch Newtons Schrift in Gange gebracht wurde: John Ellis schrieb seine "Defensio" 1660; Milton starb 1674.

Auch Milton versucht, Gott zu rechtfertigen gegen den Vorwurf, das Übel verursacht zu haben (die Frage der Zulassung stellt Milton nicht), und dieser Versuch scheint voll zu gelingen: Der Mensch ist vollauf und allein schuld an seinem Fall, denn er handelte in völliger Freiheit: "Wo Verstand ist, da ist auch Freiheit", argumentiert Milton. Außerdem habe Gott nicht vorherbestimmt: seine "Vorsehung" bedeute nur "Vorherwissen", nicht "Vorherbestimmung".[16] Milton griff damit auf die These des Portugiesen Petrus Fonseca (1528 - 1590) vom sogenannten "mittleren Wissen" ("scientia media") Gottes zurück.[17]

Indessen konnte diese Antwort, die Milton auf die Theodizeefrage gab, auf dem Boden der Anglikanischen Kirche nicht bestehen: Milton wurde (u.a.) wegen der in der genannten Schrift vertretenen Auffassung bezüglich der menschlichen Freiheit und bezüglich der göttlichen Prädestination öffentlich der Häresie angeklagt. Seine Schrift "De doctrina Christiana" konnte zu seinen Lebzeiten nicht gedruckt werden. Dies geschah zum erstenmal im Jahre 1825, zu diesem Zeitpunkt dann viel Staub aufwirbelnd.

Shelley, der drei Jahre vor diesem Veröffentlichungstermin starb, kann daher von Miltons Schrift wohl kaum Kenntnis bekommen haben. Dennoch hätte ihr wesentlicher Inhalt Shelley auf indirekte Weise bekannt sein können insofern, als Milton die nämliche theologische Position in "Paradise Lost" vertritt, dessen Inhalt Shelley bestens bekannt war (Vgl. Kapitel II.2.d dieser Arbeit). Diese Parallele zwischen "De doctrina Christiana" und "Paradise Lost" wird heute in der Literaturwissenschaft allgemein gesehen. Shelley indessen, dem dieser Zusammenhang nicht bekannt sein konnte, deutete (im Anschluß an Blake) "Paradise Lost" im umgekehrten Sinne - so, als ob Satan als Widersacher Gottes der eigentliche, vom Autor gepriesene Held des Stückes sei (Vgl. Kapitel II.2.d dieser Arbeit).

Auch in anderen Werken der deutschen, vor allem aber der englischen Literatur des 18. und 19. Jahrhunderts spielt das Theodizeeproblem eine entscheidende Rolle:

Das Theodizeeproblem liegt u.a. Lawrence Sternes Roman "Tristram Shandy" zugrunde, mit dessen Inhalt Shelley aufs engste vertraut war. Mary Shelley berichtet, "Tristram Shandy" habe bei ihnen zu Hause ständig auf dem Tisch gelegen.[18] Im Gegensatz zu Fieldings Romanen (z.B. "Tom Jones") stellt "Tristram Shandy" formal wie inhaltlich das Chaos dar: Protest - einerseits gegen die überkommene literarische Form - andererseits gegen ein Weltbild, das an Ordnung und Vorsehung orientiert ist. Stephen Prickett interpretiert in "The Critical Spirit and the Will to Believe" "Tristram Shandy" wie folgt:[19] Der Roman "Tristram Shandy" wiederholt in literarischer Form Humes Zerstörung des Deismus (s.o.): Der Schöpfer schafft die Welt, indem er gleichsam ein Uhrwerk aufzieht, das dann abläuft. Was sich bei diesem Ablauf aber ereignet, der Lauf der Dinge, stellt sich dem Menschen als Chaos und Leid dar, was zu der Schlußfolgerung Anlaß gibt, daß dieser Schöpfer (jedenfalls als ein allmächtiger und gütiger Gott) nicht existiert - so läßt sich Humes philosophische Aussage zu diesem Thema umschreiben. Prickett deutet nun das in "Tristram Shandy" wiederholt erwähnte Aufziehen der Uhr durch Tristrams Vater als ein Symbol für die Zeugung Tristrams, da das Aufziehen der Uhr immer im Zusammenhang mit der ehelichen Vereinigung der Eltern Tristrams erfolge. Prickett sieht nun in der Zeugung und dem chaotischen Lebenslauf Tristrams eine Parallele zu der Schöpfung und dem chaotischen Zustand der Welt. Mehrere im Roman enthaltene sarkastische Äußerungen über die (vermeintliche) Willkür und Bosheit Gottes zeigen explizit die diesbezügliche Haltung des Autors. So heißt es z.B. in IV, 15, "all the soft and delicious functions of our nature, by which the great Author of it, in his bounty, has been pleased to recompense the sufferings where with his justice and good pleasure has wearied us..."[20]

Wie Hume sich von der Religion abwandte, so wird auch in "Tristram Shandy" eine Abwendung von der Religion zum Ausdruck gebracht. In der Widmung ("Dedication") teilt der Autor explizit mit, welche Absicht er mit dem Schreiben des Romans verbindet: nämlich sich durch Heiterkeit gegen die Übel des Lebens zu wappnen: "to fence against the infirmities of ill health, and other evils of life, by mirth".[21] Hier wird angesichts des Leidens Trost gesucht nicht in der Religion, sondern - ersatzweise - in Heiterkeit und Humor.

Sterne geht hier konform mit Freud, der in seiner Schrift: "Der Witz und seine Beziehung zum Unbewußten" den psychischen Mechanismus erklärt, durch den es ermöglicht wird, daß Witz und Humor Erleichterung bei Leid und Anspannung bringen können: Befindet sich der Mensch nicht in einer entsprechenden Notlage, so wird die psychische Energie, die durch Witz oder Humor freigesetzt wird, durch Lachen abreagiert. Liegt nun eine Notlage vor, so wird - zumindest - ein Teil dieser Energie nicht durch Lachen abreagiert, sondern zur Kompensation, d.h. zur Behebung der psychischen Notlage "benutzt".

Auf diesem psychischen Mechanismus beruht auch die Wirkung des Romans "Tristram Shandy". Typisch für die Verdrängung, die Ersetzung der Religion durch Humor ist in diesem Roman das Verhalten Yorricks: Obgleich er ein Geistlicher ist, stirbt er nicht mit einem Gebet, sondern mit einem Witz auf den Lippen. Es wird aus den genannten Gründen auch die in "Tristram Shandy" - und ähnlichen literarischen Werken - zum Ausdruck gebrachte Haltung als "religion of laughter" bezeichnet.

Zugleich zeigt die Figur Yorricks noch einen anderen Aspekt des Theodizeeproblems auf: Yorrick stirbt, scheitert, weil er zu gut, zu schwach, zu naiv ist für diese Welt, die seine Schwäche ausnützt und ihm so zusetzt, daß er dadurch zugrunde geht - ein Aspekt der auch im Typ des "Sentimental Novel" der damaligen Zeit zur Geltung kam, z.B. bei Samuel Richardson, dessen Romane Shelley auch ausgiebig bekannt waren.[22] Hier werden sensible, gefühlsbetonte Menschen dargestellt, die an der Härte der Welt scheitern. Der Roman beinhaltet dann gleichzeitig eine Anklage gegen die Härte dieser Welt bzw. die Ursache dieser Härte bzw. gegen Gott. Bei Shelley wird dieser Aspekt in "Triumph of Life" ausgiebig thematisiert und an der - autobiographisch zu verstehenden - Figur "Rousseaus" aufgezeigt.

Verwandte Aspekte finden sich auch in Goethes "Wilhelm Meister", wo dem Aspekt des Scheiterns noch der des Schuldigwerdens hinzugesellt ist: Die Welt läßt den Menschen - unschuldig - schuldig werden, sodann aber hat er die Strafe für diese Schuld zu ertragen. Genauer wird auch hier der eigentliche Vorwurf nicht gegen "die Welt" erhoben, sondern gegen "die himmlischen Mächte", die das bewirken und verursachen, was in der Welt und durch sie geschieht. Wörtlich heißt es bezüglich dieser "himmlischen Mächte" - auch wieder sarkastisch - in "Wilhelm Meisters Lehrjahre": "... ihr führt ins Leben ihn hinein, ihr laßt den Armen schuldig werden, dann überlaßt ihr ihn der Pein, denn alle Schuld rächt sich auf Erden."[23] Gegen diese Ungerechtigkeit, gegen diese "Strafe", die keine ist, weil der angeblich "Schuldige" nicht schuldig ist, protestiert der Mensch nach Goethes Auffassung, indem er sein Lebensschicksal selbst in die Hand nimmt, selbst gestaltet, wie dies im "Wilhelm Meister" zum Ausdruck kommt. Es steht fest, daß sich "Goethes Werke" (1820) in Shelleys Bibliothek befanden.[24]

Jedenfalls finden sich die wesentlichen Aspekte dieses Romans bei Shelley wieder: In Shelleys Gedicht "The Triumph of Life" widerfährt es der Figur des Rousseau nicht nur, in der Welt und durch sie zu scheitern, vielmehr wird Rousseau auch in der Welt und durch sie schuldig. Auch die Änderung der Blickrichtung bei der Suche nach dem Sinn des Lebens weg von den "himmlischen Mächten" und hin zu den aus eigener Kraft zu realisierenden diesseitigen Möglichkeiten vollzieht Shelley - nicht in einem einzigen literarischen Werk, sondern in der Sinngebung seines gesamten Lebens, indem er sich von der Religion ab- und den immanenten durch William Godwin vorgezeichneten Zielsetzungen zuwendet. (Vgl. Kapitel I.8 dieser Arbeit).

Godwin selbst hat eine entsprechende Änderung der Blickrichtung vollzogen, die eine Abwendung von der Religion und eine Hinwendung zu immanenten Zielen bedeutet, was zunächst in seinen Romanen zum Ausdruck kommt, die dem Typ des "gothic novel" zugerechnet werden.

Alison Milbank führt in seinem Essay "The Gothic Mode of Questioning" aus, daß im sogenannten "gothic novel" in England die Theodizeefrage eine entscheidende Rolle spielt: Im Anschluß an Calvins These der "Reprobation" (Vgl. Kapitel I.6 dieser Arbeit), die als Vorherbestimmung des Menschen zur ewigen Verdammnis zu verstehen ist, wird Gott in diesem Romantyp als böse und rachsüchtig hingestellt, die Welt als ein entsprechendes Jammertal, das die Handschrift dieses "Gottes" trägt. Milbank schreibt:

> "Bunyan's Giant Despair, too, strides the page of many gothic novels, especially those written in response to Calvinism by authors such as James Hogg, William Godwin and Charles Matwin. For them the universe has become a 'theatre of calamity', in which the benevolent Deity casts aside his mask to reveal himself as one vast machine of vengeance from whom the hero flees...".[25]

Es steht fest, daß Shelley nicht nur persönlich eng mit Godwin befreundet war, sondern auch seine Romane gelesen hat,[26] und schließlich durch die Lektüre seines großen politischen Werks "An Enquiry concerning Political Justice and its Influence on Moral Virtue and Happiness" die Zielsetzung seines gesamten Lebens fand: eine durch die Negativbeantwortung der Theodizeefrage ins Horizontale gelenkte Sinnperspektive.

Angemerkt sei, daß sich später - in der zweiten Hälfte des 19. Jahrhunderts - in der Literatur die Darstellung der Verzweiflung über den "Riß" ("crack") in der Schöpfung noch intensiviert - bedingt durch die Tatsache, daß mit der Verbreitung der Darwinschen Evolutionstheorie der Glaube an die Existenz eines gütigen Schöpfers der Welt noch stärker als zuvor in Frage gestellt wurde. Darstellungen dieser Art finden sich häufig bei Thomas Hardy: Sein Romanheld "Jude the Obscure" z.B. verzweifelt und begeht Selbstmord wegen der Erfahrung, daß das, was gut ist für Gottes Vögel, nicht gut ist für Gottes Gärtner, nachdem er Vögel beobachtete, die einem Bauern die Saat vom Feld fraßen.

I.4 Shelleys Anklage gegen Gott in "A Refutation of Deism"

Vor dem Hintergrund dieser im vorigen Kapitel geschilderten geistigen Landschaft ist nun Shelleys Stellungnahme zum Theodizeeproblem zu sehen. Angesichts der Aktualtiät dieses Problems und des brennenden Interesses, das Shelleys Zeitgenossen diesem Problem entgegenbrachten, nimmt es nicht wunder, daß Shelley infolge seiner bereits in der Einleitung zu dieser Arbeit geschilderten allgemeinen Suszeptibilität ebenfalls von der Welle der Diskussion dieses Themas erfaßt wurde und in engagierter Weise an dieser Diskussion teilnahm.

Die erkenntnistheoretische Basis, von der aus Shelley diese Diskussion führte, entspricht genau der seiner Zeit: Es ist die Basis der Aufklärung und des Empirismus. In derjenigen Schrift, die die hauptsächlichsten Stellungnahmen Shelleys zur christlichen Religion enthält: "A Refutation of Deism", ist zu lesen, daß hier "on the grounds of human reason" argumentiert werden soll.[1] In der Schrift "On the Necessity of Atheism" heißt es: "No testimony (of belief) can be admitted which is contrary to reason".[2] In derselben Schrift finden sich die Sätze: "belief is a passion of the mind" und "belief is not an act of volition, the mind is even passive".[3]

Auf dieser Basis trägt Shelley nun seine Einwände gegen das Christentum vor, und zwar findet sich eine sehr umfangreiche Zusammenfassung dieser Einwände in Shelleys - 1814 entstandener - Schrift "A Refutation of Deism" einem inhaltlich wie formal nach dem Vorbild von Humes "Dialogues Concerning Natural Religion" gestalteten Dialog, in dem ein Deist und ein Theist einander widerlegen, so daß am Schluß nur der Standpunkt des Atheismus übrigbleibt: Da dieser Standpunkt Shelleys eigener ist - wie man z.B. aus seiner 1811 erfolgten Äußerung: "... I ardently wish to be convinced of the existence of a Deity"[4] entnehmen kann - darf auch angenommen werden, daß die Argumente, die er auf dem Weg zur Erreichung dieses Standpunktes vorträgt, seine eigenen sind. Dementsprechend schreibt auch E. Barnard: "The fullest statement of Shelley's objections to Christianity is to be found in "A Refutation of Deism"[5]

In "A Refutation of Deism" lesen wir u.a. Shelleys Anklage gegen Gott wegen des moralischen Übels. Zunächst stellt Shelley dar, daß Gott dem Satan erlaubt habe, gegen die Menschen zu intrigieren. Wörtlich heißt es dann weiter:

> "The first man yielded to this temptation: and to satisfy Divine Justice the whole of his posterity must have been eternally burnt in hell, if god had not sent his only son on earth, to save those few whose salvation had been foreseen and determined before the creation of the world. - God is here represented as creating man with certain passions and powers, surrounding him with certain circumstances, and then condemning him to everlasting torments because he acted as omniscience had foreseen, and was such as omnipotence had made him. For to assert that the Creator is the author of all good, and the creature the author of all evil, is to assert that one man makes a straight line and a crooked one, and that another makes the incongruity."[6]

Dieser Text bedeutet: Shelley gibt Gott die Schuld an derjenigen Handlungsweise des Menschen, für die Gott ihn dann bestrafte. Der Mensch war in seiner Handlungsweise festgelegt durch die Art, wie Gott ihn gemacht hatte, und durch die Umgebung, in die Gott ihn gestellt hatte. Der Vergleich: "To assert that the Creator is the author of all good, and the creature the author of all evil, is to assert that one man makes a straight line and a crooked one, and another makes the incongruity" - dieser Vergleich, den Shelley wörtlich von Hobbes übernommen hat[7], besagt, daß der Mensch in seiner Handlungsweise Gott gegenüber keinerlei Unabhängigkeit bzw. Freiheit besitzt, daß vielmehr das Handeln des Menschen mit dem Handeln Gottes gleichsam indentisch ist: Einer zeichnet eine gerade Linie und ein krumme, und der andere das Gegenteil.

Auf welcher Basis steht diese Behauptung Shelleys, der Mensch sei in seiner Handlungsweise durch Gott festgelegt?

Es sind im wesentlichen zwei Gründe für Shelleys Behauptung zu erkennen: der auf den menschlichen Bereich übertragene, von der Naturwissenschaft herkommende Determinismus einerseits, und die Calvinsche Prädestinations- und Willenslehre andererseits. Daß Shelley den Standpunkt jenes Determinismus vertritt, geht eindeutig aus einer entsprechenden Stellungnahme hervor, die sich an anderer Stelle in "A Refutation of Deism" befindet, d.h. noch in einem gewissen Zusammenhang steht mit der oben angezogenen Stelle. Diese Stellungnahme lautet:

> "The laws of attraction and repulsion, desire and aversion, suffice to account for

every phenomenon of the moral and physical world. A precise knowledge of the properties of any object, is alone requisite to determine the manner of action. Let the mathematician be acquainted with the weight and volume of a common ball, together with the degree of velocity and inclination with which it is impelled, and he will accurately delineate the course it must describe, and determine the force with which it will strike an object at a given distance. Let the influencing motive present to the mind of any person be given, and the knowledge of his conduct will result."[8]

Dies ist die Art von Determinismus, die bereits im vorigen Kapitel beleuchtet wurde und die zu Shelleys Zeit entsprechend verbreitet war. Der Inhalt des vorletzten Satzes des obigen Zitats ergibt sich unmittelbar aus Newtons Naturlehre; der Inhalt des letzten Satzes, der sich auf die Handlungsweise der Menschen bezieht, ergibt sich keineswegs mit Selbstverständlichkeit hieraus. Eine Ableitung, einen Beweis für die letztere Behauptung bleibt uns Shelley schuldig. Er setzt die Gültigkeit seiner Behauptung mit Selbstverständlichkeit voraus. Wir werden sehen, daß er hier ein Ergebnis Humes benutzt, das dieser seinerseits ausgiebig begründet und herleitet.

Es geht jedoch in Shelleys Begründung für die von ihm behauptete Unfreiheit des Menschen ganz offensichtlich noch ein weiterer Faktor ein, den Shelley nicht explizit beim Namen nennt, der jedoch als implizit vorhanden mit Deutlichkeit erkennbar ist: die Calvinsche Prädestinationslehre: Shelleys Formulierung: "... if God had not sent his only Son on earth, to save those few whose salvation had been foreseen and determined before the creation of the world" stellt einen deutlichen Anklang dar an den Artikel XVII der "39 Articles of Religion", der "Of Predestination and Election" überschrieben ist und der unter anderem die Formulierung enthält:

"Predestination to Life is the everlasting purpose of God whereby (before the foundations of the world were laid) he hath constantly decreed by his counsel secret to us to deliver from curse and damnation those whom he hath chosen in Christ out of mankind and to bring them by Christ to everlasting salvation."[9]

Die inhaltliche und sprachliche Ähnlichkeit fällt deutlich auf: "before the creation of the world" heißt es bei Shelley; "... before the foundations of the world were laid ..." im Anglikanischen Artikel; "... had been foreseen and determined" ist Shelleys Ausdrucksweise für die offizielle

Formulierung: "... hath constantly decreed and determined ..."; "... to deliver from curse and damnation those whom he hath chosen ... and to bring them ... to ... salvation." formuliert der Artikel. Shelley faßt sich kürzer: "... to save those few whose salvation had been ... determined ...".

Unabhängig von diesen sprachlichen und inhaltlichen Anklängen an den Anglikanischen Artikel würde die Tatsache, daß Shelley überhaupt davon spricht, daß es auf Seiten Gottes schon vor der Erschaffung der Welt eine Vorausbestimmung von Menschenschiksalen gibt, insbesondere, daß nur wenigen ("few") das Heil vorausbestimmt ist, eine Bezugnahme auf das wesentliche Element der Calvinschen Prädestinationslehre bedeuten. In einem späteren Kapitel dieser Arbeit (I.6) soll noch genau gezeigt werden, inwiefern der angezogene Anglikanische Artikel sowie die oben erwähnte Ansicht Shelleys, daß der Mensch keine Handlungsfreiheit hat, einen Bezug zur Lehre Calvins enthalten.

Hingewiesen sei hier noch auf die Benutzung des Wortes "few" in Shelleys Text, das in dem angezogenen Artikel nicht auftritt. Es tritt jedoch - als ein zu Shelleys Zeiten viel diskutiertes, weil zu Anklage und Widerspruch Anlaß gebendes Wort - in jener Bibelstelle auf, die - zusammen mit anderen - sowohl dem zitierten Anglikanischen Artikel als auch der Lehre Calvins zugrundeliegt und die dem Bibelkenner Shelley, der im Alter von 21 Jahren, also zum Zeitpunkt der Abfassung der hier zugrundegelegten Schrift "A Refutation of Deism", die Bibel bereits viermal gelesen hatte, mit Gewißheit bekannt und geläufig war: Es ist die Stelle Mt. 22, 14, deren Wortlaut in der King James Bible, welche Shelleys fast ständiger Begleiter war, lautet: "Many are called, but few are chosen".

Shelleys Anklage gegen Gott geht in "A Refutation of Deism" allerdings noch darüber hinaus, Gott dafür anzuklagen, daß er das Böse, das auf der Welt geschieht, verursacht habe; er beschuldigt Gott auch noch der Absurdität und Bosheit, die Menschen schwer zu bestrafen für Handlungen, die sie - nach Lage der Dinge - gar nicht selbst zu verantworten haben, sondern deren Urheber er - der strafende Gott - selbst ist. Man erinnert sich hier an die von den Arminianern gegen Gott erhobene Beschuldigung, die ihn wegen der nämlichen - vermeintlichen - Absurdität mit Caligula, Katharina von Medici etc. verglich. Wenn es nun keinen gerechten Grund für Gottes Strafverhalten gibt, so schließt Shelley, dann muß es einen anderen Grund geben, und - in Analogie zu menschlichen Motiven und Verhaltensweisen - kommt Shelley dann zu dem Ergebnis, daß Gott ein Sadist sein müsse - ein blutrünstiges Monster - ein Dämon. E. Barnard schreibt dazu:

"... this God was likewise presumed to be allpowerful, and therefore responsible for the actions and the fate of his creatures, and therefore, argued Shelley, the only reason for the existence of Hell must be that the Creator derives a malicious pleasure from torturing the beings whom he made."[10]

Mehrere Textstellen belegen diese Ansicht Shelleys: In "Queen Mab" heißt es:

"... the avenging God.
Who, prototype of human misrule, sits
High in Heaven's realm, upon a golden throne,
Even like an earthly king; and whose dread work,
Hell, gapes forever for the unhappy slaves
Of fate, whom He created, in his sport,
To triumph in their torments ...".[11]

Anzumerken ist, daß Shelley seiner Polemik gegen die Hölle eine Deutung derselben zugrundelegt, bei der irdische Begriffe analogielos, d.h. fehlerhaft - auf einen jenseitigen Zustand angewendet werden, eine Deutung, die nicht zu allen Zeiten in dieser Weise stattfand (vgl. Kapitel I.1) und deren Fehlerhaftigkeit heute deutlich betont wird (vgl. Kapitel I.9).

In "A Refutation of Deism" stellt Shelley fest, Moses sei offenbar ein Mann nach Gottes Herzen gewesen ("a man after God's own heart"), ein Monster, das in Gottes Auftrag diejenigen zerfleischt habe, die sein blutrünstiges Idol - Gott - nicht angebetet hätten:

"An unnatural monster who sawed his fellow beings asunder, harrowed them to fragments under harrows of iron, chopped them to pieces with axes and burned them in brick-kilns, because they bowed before a different, and less bloody idol than his own."[12]

Shelley benennt hier verschiedene Stellen aus dem Alten Testament, um dies zu belegen, z.B. Exodus XXXII, 26, u.a.

Shelley zieht in Zweifel, daß irgendwo sonst außer in der jüdisch-christlichen Religion eine Gottheit zu finden sei, die solche Ungeheuerlichkeiten begangen habe und so weitgehend die charakteristischen Eigenschaften eines Dämons besitze wie der Gott des Alten Testamentes. Wörtlich heißt es:

"I appeal to your candour, ... , if there exist a record of such grovelling absurdities and enormities so atrocious, a picture of a Deity so characteristic of a demon as that which the sacred writings of the Jews contain."[13]

Insbesondere stellt Shelley fest, Gott könne nicht beabsichtigt haben, durch die Lehren des Christentums die Welt zu verbessern oder zu reformieren: Das Verhalten der Christen habe seit fast zwei Jahrtausenden nicht zu einer solchen Verbesserung oder Reform beigetragen, im Gegenteil: vielmehr hätten auch die Christen sich in großem Stil unmoralischen und brutalen Verhaltens schuldig gemacht. Der allwissende Gott habe dies ja vorauswissen müssen, und deshalb sei nicht anzunehmen, daß er etwas geplant habe, dessen Fehlschlag er vorausgesehen habe und selbst zu verantworten habe wegen der Unfreiheit der Menschen. In "A Refutation of Deism" lesen wir:

"It is sufficiently evident that an omniscient being never conceived the design of reforming the world by Christianity. Omniscience would surely have foreseen the inefficacy of that system, which experience demonstrates not only to have been utterly impotent in restraining, but to have been most active in exhaling the malevolent propensities of men. During the period which elapsed between the removal of the seat of empire to Constantinople in 328, and its capture by the Turks in 1453, what salutary influence did Christianity exercise upon that world which it was intended to enlighten? Never before was Europe the theatre of such ceaseless and sanguinary wars; never were the people so brutalized by ignorance and debased by slavery."[14]

Dieser Standpunkt Shelleys, Gott habe nicht nur nicht beabsichtigt, die Situation der Welt durch das Christentum zu verbessern, sondern sei auch noch am Mißverhalten der Christen schuld, ist von höchstem Belang für die persönlichen Konsequenzen, die Shelley aus dieser Feststellung zieht: nämlich, sich in der Absicht, einen Beitrag zur Verbesserung der moralischen und sozialen Situation der Menschheit zu leisten, einem anderen System als dem christlichen zuzuwenden: der Lehre William

Godwins, die nicht nur vom Christentum unabhängig ist, sondern auch im Gegensatz zu diesem steht. (Vgl. Kapitel I.8 dieser Arbeit).

An einer anderen Stelle von "A Refutation of Deism" nimmt Shelley noch gesondert zu der Frage des physischen Übels dieser Welt Stellung. Da er im Rahmen des christlichen Denksystems dem Menschen keine Schuld zuschreibt wegen des Mangels an Handlungsfreiheit, entfällt für Shelley selbstverständlich die von der christlichen Theologie gegebene Erklärung des physischen Übels dieser Welt als Sündenstrafe (vgl. Kapitel I.1 dieser Arbeit). Ebenso verneint er, daß dieses Übel - unbeschadet der Güte und Allmacht Gottes - notwendigerweise durch die Endlichkeit der Welt bedingt sei, was früher Platon und - für gewisse Aspekte zutreffend - auch Augustinus angenommen hatte (vgl. Kapitel I.1). Für Shelley verbleibt nur die Alternative, daß die physischen Übel entweder durch einen Mangel an Macht oder an Güte auf seiten Gottes verursacht worden seien. Schließlich stellt er fest, daß es besser sei, sich von diesem Fragenkomplex abzuwenden, anstatt ihn bis zur letzten Konsequenz weiterzuverfolgen, denn diese Konsequenz sei der "kalte, trübe Atheismus". Wörtlich heißt es bei Shelley:

> "This whole scheme of things might have been according to our partial conceptions, infinitely more admirable and perfect. Poison, earthquakes, disease, war, famine and venomous serpents; slavery and persecution are the consquences of certain causes, which according to our human judgment might have been dispensed with an arranging the economy of the globe. Is this the reasoning which the Theist will choose to employ? Will he impose limitations on that Deity whom he professes to regard with so profound a veneration? Will he place his God between the horns of a logical dilemma, which shall restrict the fulness either of his power or his bounty? Certainly he will prefer to resign his objections to Christianity, than pursue the reasoning upon which they are founded, to the dreadful conclusions of cold and dreary Atheism".[15]

In Wahrheit steht der Atheismus hier natürlich schon fest, auch wenn man sich formal nicht dazu bekennen will.

I.5 Zusammenhang der Shelleyschen Anklage gegen Gott mit Humes Schriften

Ein Blick auf die Schriften David Humes zeigt, daß Shelley seine Argumente, die er in "A Refutation of Deism" in seiner Stellungnahme zum Theodizeeproblem benutzt, weitgehend jenen Schriften entnommen hat - jedenfalls soweit es sich um die direkte Stellungnahme zur Frage der Verursachung des moralischen und physischen Übels handelt. Shelleys Ausführungen zum Thema "Hölle" haben bei Hume kein Vorbild, da Hume diesen speziell aus der Offenbarung bekannten Begriff völlig ignoriert: Am Ende seiner "Dialogues Concerning Natural Religion" führt er aus, daß es so etwas wie eine göttliche Offenbarung nicht geben könne. Auch zu Shelleys Erörterungen bezüglich der Reform der Welt findet sich bei Hume kein Analogon: Offenbar gehörte eine solche Reform nicht zu den Anliegen David Humes.

Die enge inhaltliche wie formelle Anlehnung von Shelleys "A Refutation of Deism" an Humes "Dialogues Concerning Natural Religion" ist der Shelley-Forschung seit langem hinreichend bekannt.[1] Speziell bezüglich der Theodizeefrage zeigt sich jedoch eine deutlichere Übereinstimmung der Shelleyschen Argumente mit denjenigen, die Hume in seinem "Enquiry Concerning Human Understanding" benutzt, als mit entsprechenden Argumenten aus den "Dialogues". Da Shelley Humes Essays bereits aus seiner Oxforder Studienzeit sehr genau kannte (vgl. Kapitel I.7 dieser Arbeit), ist anzunehmen, daß er seine Argumente tatsächlich von Hume übernommen hat.

In den "Dialogues" findet sich Humes Äußerung, Gott habe die physischen Übel der Welt dadurch verursacht, daß er seine Geschöpfe zu dürftig ausgestattet habe, um gegen alle Unbilden gewappnet zu sein, denn Gott sei ein harter Herr ("a rigid master"). Von den beiden üblicherweise - und auch von Shelley - in diesem Zusammenhang erwogenen Alternativmöglichkeiten: es habe Gott entweder an Allmacht oder an Güte gefehlt (bei Erschaffung der Welt), wird hier demnach die zweite für zutreffend erklärt.[2] Anschließend stellt Hume dann fest: "Ähnliches ist auch bezüglich der moralischen Übel zu sagen."[3] Daß Hume also Gott die Schuld für die Übel dieser Welt gibt, steht außer Zweifel; lediglich die Basis, auf der er diese Anklage hier führt, entspricht nicht genau derjenigen Shelleys. Eine solche mit der Shelleyschen Argumentation inhaltlich übereinstimmende Basis findet sich dann aber in aller Breite in "Enquiry Concerning Human Understanding".

Im Kapitel "On Liberty and Necessity" macht Hume zunächst einmal deutlich, was er unter Kausalität bzw. Notwendigkeit ("necessity") versteht: zwei regelmäßig miteinander verknüpfte Erscheinungen, bezüglich derer der Verstand vom Auftreten der ersten auf das Auftreten der zweiten schließt, ohne irgendeine Vorstellung von der Art der Verbindung der beiden Erscheinungen zu haben. Wörtlich heißt es:

"Our idea, therefore, of necessity and causation arises entirely from the uniformity observable in the operations of nature, where similar objects are constantly conjoined together, and the mind is determined by customs to infer the one from the appearance of the other. These two circumstances form the whole of that necessity, which we ascribe to matter. Beyond that constant conjunction of similar objects, and the constant interference from one to the other, we have no notion of any necessity or connexion."[4]

Dies sei die Art von "Notwenigkeit" ("necessity"), die dem Verhalten der Materie zugeschrieben werde, erfährt man aus dem Zitat.

Hume unternimmt es jetzt, diese Art von "notwendiger Verknüpfung" auch auf den Bereich menschlicher Handlungen zu übertragen. Dazu schreibt er:

"As to the first circumstance, the constant and regular conjunction of similar events, we may possibly satisfy ourselves by the following considerations: It is universally acknowledged that there is a great uniformity among the actions of men, in all nations and ages, and that human nature remains still the same, in its principle operations. The same motives always produce the same actions: The same events follow from the same causes. Ambition, avarice, self-love, vanity, friendship, generosity, public spirit: these passions, mixed in various degrees and distributed through society, have been, from the beginning of the world, and still are, the source of all actions and enterprises which have ever been observed among mankind."[5]

Nach der Betrachtung einer Reihe von Beispielen kommt Hume dann zu dem Schluß:

"Thus it appears, not only that the conjunction between motives and voluntary actions is as regular and uniform as that between the cause and effect in any part of nature: but also that this regular conjunction has been universally acknowledged among mankind."[6]

Der Fehler, der Hume hier unterläuft, besteht einerseits in der Tatsache, daß er den Begriff der "Kausalität" oder "notwendigen Verknüpfung" so allgemein, so oberflächlich faßt, daß der Unterschied zwischen den Vorgängen im Bereich der unbelebten Materie und im menschlichen Bereich in diesem Begriff nicht mehr faßbar ist; und andererseits in dem unzulänglichen Schluß von der großen Zahl auf den Einzelfall: Er postuliert, daß die Beobachtungen einer gewissen "Regelmäßigkeit" im Zusammentreffen von Motiven und Verhaltensweisen, die er mit Bezug auf eine große Zahl von Menschen feststellt, auch in jedem Einzelfall, für jeden einzelnen Menschen zutreffe.

Auf der geschilderten Basis stellt Hume nun fest, daß alle menschlichen Handlungen durch vorausgehende Motive bzw. Ursachen festgelegt sind, daß es demnach "Kausal"-Ketten gibt, so daß der Schöpfer der Welt der eigentliche Initiator aller menschlichen Handlungen ist. Dazu findet sich die Stellungnahme:

"It may be said, for instance, that, if voluntary actions be subjected to the same laws of necessity with the operations of matter, there is a continued chain of necessary causes, pre-ordained and predetermined, reaching from the original cause of all to every single volition of every human creature. No contingency anywhere in the universe, no indifference; no liberty. While we act, we are at the same time acted upon. The ultimate Author of all our volition is the Creator of the world, who first bestowed motion on this immense machine, and placed all beings in that particular position, whence every subsequent, by an inevitable necessity, must result."[7]

Am Ende des entsprechenden Kapitels nun zieht Hume den durch das Vorausgehende nahegelegten Schluß, daß bei der behaupteten Konstellation der Schöpfer auch der Urheber jeden moralischen Übels, jeder Sünde, sein müßte.

Schließlich verbindet er auch noch die göttliche Prädestination mit der Situation der Determiniertheit des Menschen. Hume benutzt nicht den Ausdruck "predestination", sondern spricht von "absolute decrees"; das Nomen entspricht dem, was im Artikel XVII der Anglikanischen Glaubensartikel mit dem Verb "decreed" als Beschreibung der Prädestination ausgedrückt wird (vgl. Kapitel I.6). "Absolute decrees" bedeutet also absolute Prädestination, d.h. Prädestination ohne Rücksicht auf Verdienst oder Schuld eines Menschen.

Hume sieht sich hier in ein Meer von Widersprüchen, Zweifeln und Rätseln gestürzt, die er nicht lösen kann, zumal mit dem "natürlichen" Verstand, und er beschließt, sich von dieser unlösbaren Problematik ab- und anderen Problemen zuzuwenden: Wörtlich heißt es:

> "... nor is it possible to explain distinctly, how the Deity can be the mediate cause of all the actions of men, without being the author of sin and moral turpitude. These are mysteries, which mere natural unassisted reason is very unfit to handle; and whatever system she embraces, she must find herself involved in inextricable difficulties, and even contradictions, at every step which she takes with regard to such subjects. To reconcile the indifference and contingency of human actions with prescience; or to defend absolute decrees, and yet free the Deity from being the author of sin, has been found hitherto to exceed all the power of philosophy. Happy, if she be thence sensible of her temerity, when she pries into these sublime mysteries; and leaving a scene so full of obscurities and perplexities, return, with suitable modesty, to her true and proper province, the examination of common life; where she will find difficulties enough to employ her enquiries, without launching into so boundless an ocean of doubt, uncertainty, and contradiction!"[8]

An einer etwas späteren Stelle seines Essays nimmt Hume explizit Stellung zur Frage des physischen Übels, das er in großem Ausmaß in der Welt erkennt: "We must acknowledge the reality of that evil and disorder, with which the world so much abounds".[9] Mit Entschiedenheit weist Hume nun den Standpunkt zurück, dieses Übel sei nicht dadurch verursacht worden, daß es Gott an Macht oder Güte ("power and benevolence") gefehlt habe bei der Erschaffung der Welt, daß es vielmehr der beschränkten Eigenschaft der Materie zuzuschreiben sei (vgl. Platon, Kapitel I.1) oder der Beachtung eines höheren Gesetzes (vgl. Thomas, "ordo", Kapitel I.1), daß die Menschen und andere empfindene Lebewesen so unvollkommen und unglücklich geschaffen seien: Er - Hume - sehe keinen Grund, Allmacht und Güte Gottes als perfekt anzusehen und solche obengenannten Entschuldigungsgründe für die physischen Übel der Welt zu erfinden, für deren Realität es keinen Anhaltspunkt gebe; d.h. Hume sieht einen Mangel an Allmacht oder Güte auf Seiten Gottes als Grund für die physischen Übel an. Dazu heißt es wörtlich:

"The obstinate and intractible qualities of matter, we are told, or the observance of general laws, or some such reasons, is the sole cause, which controlled the power and benevolence of Jupiter, and obliged him to create mankind and every sensible creature so imperfect and unhappy. These attributes then, are, it seems, beforehand taken for granted, in their greatest latitude. And upon that supposition, I own that such conjectures may, perhaps, be admitted as plausible solutions of the ill phenomena. But still I ask, why take these attributes for granted, or why ascribe to the cause any qualities but what actually appear in the effect? Why torture your brain to justify the course of nature upon suppositions, which, for ought you know, may be entirely imaginary, and of which there are to be found no traces in the course of nature?"[10]

Auch andere im Laufe der abendländischen Geistesgeschichte versuchte Lösungen des Theodizeeproblems verwirft Hume: so den Ansatz des Dualismus,[11] den Lösungsversuch unter Zugrundelegung des Extremalprinzips ("Gott schuf die beste aller möglichen Welten")[12] sowie das vorwiegend von Platon vertretene Postulat, die vermeintlichen Übel seien, unter geeigneter Perspektive betrachtet, als Teil eines höherwertigen Ganzen (auch im immanenten Sinne) zu erkennen: "Enquiry" führt aus, diese "Perspektive" sei bestenfalls für einen Menschen, der in Sicherheit und Wohlbefinden hinter dem Schreibtisch sitze, eine Zeitlang durchhaltbar; für einen hart von der Gicht geplagten - keine Sekunde![13]

Offenkundig übernimmt nun Shelley getreulich Humes Stellungnahmen zum Theodizeeproblem, und zwar ohne Wiederholung der Humeschen Begründung bzw. Herleitung, einfach deren Ergebnis gleichsam als Selbstverständlichkeit voraussetzend: Bezüglich des moralischen Übels stellt Shelley es - ohne jegliche Begründung - als selbstverständlich hin, daß im Bereich der menschlichen Handlungen die gleiche notwendige Verknüpfung gilt wie im Bereich der Materie, und er zieht daraus den Schluß, dann müsse der Schöpfer der Verursacher aller Sünden sein. Die Prädestinationslehre wird bei beiden Autoren als zusätzliche Begründung für die nämliche Behauptung - der Verursachung des moralischen Übels durch Gott - herangezogen. (Vgl. Kapitel I.4 dieser Arbeit).

Bezüglich des physischen Übels behauptet Shelley ohne jegliche Erörterung, dieses müsse durch einen Mangel entweder an Güte oder an Allmacht auf Seiten Gottes verursacht sein.[14]

Auch hier wird die Erörterung Humes nicht wiederholt, ihr Ergebnis aber als quasi-offenkundige Selbstverständlichkeit zitiert. Dem Humeschen Begriffspaar "power / benevolence" entspricht dabei bei Shelley das synonyme: "power / bounty". Auch der Wunsch, sich von dieser unerfreulichen Thematik des Theodizeeproblems abzuwenden, tritt bei beiden Autoren auf.[15] Lösungsversuche, die Hume verwirft, erwähnt Shelley überhaupt nicht - obgleich sie ihm zumindest (durch die intensive Kenntnis der Humeschen Schriften) bekannt sind.

Ebenfalls auf den Einfluß Humes dürfte die Tatsache zurückzuführen sein, daß Shelley die gesamte Literatur der Patristik - und damit auch die hierin auftretenden Stellungnahmen zur Frage der Theodizee bzw. der menschlichen Willensfreiheit - überhaupt nicht zur Kenntnis nahm: Nirgendwo in Shelleys Werken oder Briefen findet sich ein Hinweis auf die Lektüre patristischer Autoren. H. Droop gibt als neulateinische Autoren, die Shelley gelesen habe, nur Spinoza, Linné und Cornelius Schrevelinus an. Von Augustinus findet sich nur ein einziges Zitat aus den "Confessiones", losgelöst aus jedem Zusammenhang und sinnentstellt, in Shelleys Werken, und zwar in dem Gedicht "Alastor".[16] H. Viebrock gibt an, Shelley habe wahrscheinlich auch die Schrift "Adversus Haereses" des Irenäus gelesen.[17]

Einerseits kam Shelley während seiner Oxforder Studienzeit mit den scholastischen Autoren nicht in Berührung (vgl. S. 29 dieser Arbeit); andererseits dauerte diese Studienzeit nur wenige Monate, so daß die während jener Zeit gelesene Literatur nur einen kleinen Bruchteil der gesamten Lektüre Shelleys darstellte. Es findet sich jedoch ein ganz massives Vorurteil gegen alle scholastischen Autoren in Shelleys Schriften: In seinem "Essay on the Revival of Literature" heißt es u.a.:

> "In the refinement of the scholastic literature the world seemed in danger of losing the little real wisdom that still remained as her portion".[18]

Man darf hier wohl eine Beeinflussung durch Hume annehmen, der die gesamte scholastische Metaphysik als eine Mischung aus wissenschaftlicher Unmöglichkeit und Aberglauben bezeichnet und in seiner "Enquiry Concerning Human Understanding" dazu aufgefordert hatte, die Bücher der Scholastiker zu verbrennen. In den "Dialogues Concerning Natural Religion" heißt es:

"After the union of philosophy with the popular religion upon the first establishment of Christianity, nothing was more usual, among all religious teachers, than declarations against reason, against the senses, against every principle derived merely from human research and enquiry."[19]

I.6 Zusammenhang der Shelleyschen Anklage gegen Gott mit der Lehre Calvins

Was hat Shelleys Standpunkt und der anderer Autoren - der Mensch sei durch Gottes Wille in seiner Handlungsweise so weit festgelegt, daß ihm keine Verantwortlichkeit für diese Handlungsweise zuzuschreiben sei - mit der Lehre Calvins zu tun?

Es wurde bereits gezeigt (in Kapitel I.4 dieser Arbeit), daß bei Shelley in der genannten Hinsicht eine gewisse Bezugnahme auf Artikel XVII der "39 Articles of Religion" festzustellen war, in dem u.a. von der "Prädestination zum Leben" ("Predestination to Life") der von Gott Erwählten die Rede ist.

Es ist ein historisch unbestrittenes Faktum, daß die "39 Articles of Religion", d.h. der Glaubensinhalt des Anglikanismus, im wesentlichen den Lehren Calvins folgt. Die "Encyclopedia of Religion" bestätigt dies. Dort heißt es:

"In the Anglican tradtition, the thirty-nine Articles of the Church of England (1563; 1571) followed Calvin on both free will (article 10) and predestination (article 17), but not on double predestination".[1]

Wegen dieses Zusammenhangs soll zunächst die Prädestinations- und Willenslehre Calvins beleuchtet werden: Bei Calvin heißt es:

"Praedestinationem vocamus aeternum Dei decretum, quo apud se constitutum habuit quid de unoquoque homine fieri vellet. Non enim pari conditione creantur omnes: sed aliis vita aeterna, aliis damnatio praeordinatur itaque prout alterutrum finem quisque conditus est, ita vel ad vitam vel ad mortem praedestinatum dicimus."[2]

Calvin bezieht sich dabei im wesentlichen auf zwei Bibelstellen: Erstens auf Röm. 8, 29 f: "... denn alle, die er im voraus erkannt hat, hat er auch im voraus dazu bestimmt, an Wesen und Gestalt seines Sohnes teilzuhaben ... Die er aber vorausbestimmt hat, hat er auch berufen, und die er berufen hat, hat er auch gerecht gemacht, die er aber gerecht gemacht hat, die hat er auch verherrlicht." Zweitens auf Röm. 9, 22: "Gott, der seinen Zorn zeigen und seine Macht erweisen wollte, hat die Gefäße des Zorns, die zur Vernichtung bestimmt sind, mit großer Langmut ertragen." Unter "Gefäße des Zorns, die zur Vernichtung bestimmt sind", werden Menschen verstanden, die zur Verdammnis bestimmt sind.

Calvin postulierte nun, diese Vorausbestimmung des Menschen zur Seligkeit oder zur Verdammnis erfolge ohne Rücksicht auf die zukünftigen Verdienste oder Mißverdienste dieser Menschen, d.h. der Mensch könne sich bemühen, so sehr er nur wolle; wenn er im voraus verdammt sei, so nütze ihm dieses Bemühen nichts.

Die katholische Kirche widersprach Calvin in diesem letztgenannten Punkt - offiziell auf dem Konzil von Trient - mit der Begründung, daß die von Calvin postulierte Interpretation der angezogenen Bibelstellen einer Leugnung des universalen Heilswillens Gottes gleichkomme und somit seiner Gerechtigkeit und Heiligkeit sowie seiner Liebe widerspreche. Gott plane und bestimme im Vorauswissen bezüglich der Verhaltensweisen der Menschen (post praevisa merita).

Das Konzil von Trient formuliert diesen Widerspruch gegenüber Calvin in dem "Decretum de iustificatione". Dort heißt es in Canon 17:

> "Si quis iustificationis gratiam non nisi praedestinatis ad vitam contingere dixerit, reliquos vero omnes, qui vocantur, vocari quidem, sed gratiam non accipere, ut potestate praedestinatos ad malum: an. s."[3]

Calvin widersprach dieser Verurteilung seinerseits: Wer behaupte, Gott sei in seiner Planung von der Entscheidung des Menschen abhängig, sei einem Teufel zu vergleichen. Wörtlich heißt es:

> "... ceux qui babillent que Dieu selon sa préscience nous élit ... les Papistes ... ils disent il a élu ceux lesquels il a prévu devoir meriter - sont comme diables enchernez".[4]

Es erscheint plausibel, daß angesichts dieser Lehre Calvins, die das ewige Schicksal des Menschen unabhängig von dessen Bemühen als besiegelt ansieht, die Frage auftauchte und nur mit Mühe zu beantworten war, inwieweit der Mensch dann noch für sein Verhalten verantwortlich gemacht werden könne - da er ja im voraus zum Sünder oder zum Gerechten prädestiniert werde.

Noch deutlicher tritt diese Schwierigkeit zutage angesichts der Frage, wie denn Gottes Prädestination sich im Leben des Menschen konkretisiere. Hier ist die Willensfreiheit des Menschen betroffen.

Bei Calvin lesen wir bezüglich des Menschen im infralapsarischen Zustand:

"Liberi ergo arbitrii hoc modo dicetur homo, non quia liberam habeat boni aeque mali electionem: sed quia male voluntate agit, non coactione".[5] - "Deshalb also sagen wir, daß der Mensch Willensfreiheit besitze: nicht etwa, weil er die Wahlfreiheit zwischen Gut und Böse hätte; sondern weil er das Böse willentlich tut, nicht infolge von Zwang".

Hier wird also ausdrücklich festgestellt, daß der Mensch bei seinen Handlungen nicht die Freiheit hat, zwischen Gut und Böse zu wählen; dennoch wird ihm "Willensfreiheit" zuerkannt. Was bedeutet in diesem Zusammenhang dann "Willensfreiheit"?

Es wird ausdrücklich betont, daß dem Menschen deshalb "Willensfreiheit" zugesprochen wird, weil er nicht unter "Zwang" ("coactione") handelt. Was ist hier unter "Zwang" zu verstehen? Calvin stellt dem Wort "coactio" den Begriff der "necessitas" gegenüber:

"quantum sit necessitatis et coactionis discrimen ... Ubi enim ... sit servitus, an coacta. Nos autem non alibi statuimus peccandi necessitatem, quam in vitio voluntatis".[6]

Der Mensch sündigt also "necessitate", aber nicht "coactione". Dabei ist die "necessitas peccandi" - nach Calvin - im Willen des Menschen verankert, genauer in seinem fehlerhaften Willen, also im Inneren des Menschen. Demgegenüber ist "coactio" dann offenbar eine andere Art von "Zwang", eine "co-actio", d.h. ein "Mit-Wirken" anderer - im Verhältnis zum eigenen Willen des Menschen - "äußerer" Faktoren. "Willensfreiheit" bedeutet bei Calvin demnach offenbar nur: Freiheit von äußerem Zwang, nicht aber das Fehlen einer inneren Notwendigkeit.

Calvin scheint in seiner Zeit bzw. in der Folgezeit mit dieser Definition von "Willensfreiheit" nicht allein zu stehen: Hobbes führt im zweiten Teil seines "Leviathan" folgendes aus: Freiheit sei Abwesenheit von Gegnerschaft. Frei sei der, der bei der Ausführung der im Bereich seiner Stärke liegenden Dinge nicht behindert werde. Dies beziehe sich aber nur auf Körperliches, denn wo keine Bewegung sei, könne es auch keine Behinderung geben. "Willensfreiheit" könne sich nur auf das unbehinderte Handeln (im obigen Sinne) beziehen. Andererseits seien aber Freiheit und Notwendigkeit miteinander verkettet; jede Willensregung beruhe auf Ursachen in immer weitergehender Folge, die letzte Ursache sei Gottes Wille. So sei letzthin alles determiniert. Dennoch werde mit Recht die natürliche Handlungsentscheidung als "Freiheit" bezeichnet.[7] Hobbes sieht hier den Willen des Menschen durch eine andere Art "Notwendigkeit" determiniert als Calvin; nämlich etwa durch die gleichen Verknüpfungsketten, die auch Hume postuliert (vgl. Kapitel I.5 dieser Arbeit). Dennoch hat Hobbes mit Calvin dieses gemeinsam: Beide schreiben dem Menschen trotz der Determiniertheit seines Willens durch innere Notwendigkeit dennoch "Willensfreiheit" zu wegen der Freiheit von äußerem Zwang.

Ähnlich wie Calvin leugneten auch die anderen Reformatoren die Willensfreiheit des Menschen. Bei Luther heißt es in "De servo arbitrio" u.a.: "Wir reden ... von dem einen, in allen Menschen gleichermaßen ohnmächtigen ... freien Willen, der nur Schlamm, nur unbestelltes Land ist, da er ja das Gute nicht wollen kann."[8] Luther stellt fest, "daß der freie Wille nichts sei" ("liberum arbitrium nihil esse")[9] und daß die gesamte heilige Schrift ihn bekämpft.[10] Demgemäß erschien auch 1506 die deutsche Übersetzung seiner Schrift "De servo arbitrio" unter dem Titel: "Das der freie Wille nichts sey".[11]

Nun ist diese Definition von "Willensfreiheit", logisch gesehen, durchaus nicht die einzig mögliche, und sie ist auch im Laufe der abendländischen Geistesgeschichte nicht die einzig vorkommende.

Im Rahmen der katholischen Theologie wird - und wurde seit jeher - eine Definition des Begriffs der "Willensfreiheit" gegeben, die insofern zu der Calvins im Gegensatz steht, als sie eben jene Faktoren in den Vordergrund stellt, die Calvin ignoriert: die Wahlfreiheit zwischen Gut und Böse und die Freiheit auch von innerer Nötigung irgendwelcher Art: Im "Lexikon für Theologie und Kirche" heißt es:

> "Wenn im kirchlichen Sprachgebrauch von Freiheit die Rede ist, so ist gewöhnlich die psychologische und sittliche Wahlfreiheit des Menschen überhaupt, besonders aber in der Heilsgeschichte und vor allem im jetzigen infralapsarischen Zustand ... gemeint. Das genauere Wesen der Freiheit wird in den kirchlichen Lehräußerungen nicht beschrieben, sondern als bekannt vorausgesetzt ... Es wird aber betont, daß es sich bei ihr nicht nur um eine Freiheit von äußerem

> Zwang, sondern auch von innerer Genötigtheit handelt."[12] (Vgl. S. 58 dieser Arbeit).

Diese Art von Freiheit, wie sie hier im Rahmen der katholischen Theologie definiert wird, ist genau das, was der Mensch nach Auffassung Calvins nicht hat (s.o.): Wahlfreiheit und Freiheit von innerem Genötigtsein. Unter Zugrundelegung dieser Definition von Willensfreiheit scheint es konsequent, wenn das katholische kirchliche Lehramt die Feststellung trifft, Calvin - und mit ihm die anderen Reformatoren - bestreite die Existenz der menschlichen "Willensfreiheit". Demgemäß heißt es dann auch bei Ott, in "Grundriß der Dogmatik", (mit Bezug auf die Frage nach dem Grund für moralisch unterschiedliche Verhaltensweisen der Menschen): "Die Reformatoren ... suchten die schwierige Frage radikal durch Leugnung der Willensfreiheit zu lösen".[13]

Unabhängig von der Frage der Definition der Willensfreiheit steht es fest, daß nach Calvins Auffassung der Wille des Menschen von innen her, quasi durch sich selbst, darauf festgelegt ist, ohne Gottes Gnade immer nur das Böse zu wollen. Umgekehrt hat - ebenfalls nach Calvin - der Mensch keine Möglichkeit, dem Einfluß der Gnade zu widerstehen: Unter ihrem Einfluß tut der Mensch notwendigerweise das Gute, wie er ohne sie das Böse tut. Bei Calvin heißt es wörtlich:

> "Spiritu Sancto accenditur voluntas sanctorum: ut ideo possint, qui sic volunt: ideo velint, quia deus operatur ut sic velint."[14]

Paul Jacobs schreibt dazu:

> "Calvin sieht von Gottes Wirken über den Willen des Menschen, seinem Können bis zum Müssen, eine zusammenhängende Linie: Diese Linie gleicht einer unzerlegbaren Kette: der Anfang in Gottes Wirken und die Vollendung in des Menschen Handeln sind eine Einheit."[15]

Calvin faßt die Festlegung des menschlichen Willens auf eine Kurzformel zusammen:

> "Ideo simpliciter velle hominis: male velle, corruptae naturae, bene velle, gratiae".[16]

Es mag zur Verdeutlichung der Calvinistischen Lehre beitragen, sie mit einem anderen theologischen Standpunkt zu vergleichen: Nach Auffassung des katholischen kirchlichen Lehramtes hat der Mensch auch im infralapsarischen Zustand seine Willensfreiheit nicht verloren, wobei

"Willensfreiheit" hier in dem schon oben als katholische Definition erwähnten Sinne zu verstehen ist: als Wahlfreiheit zwischen Gut und Böse, als Freiheit auch von innerem Genötigtsein; ferner als Freiheit, der göttlichen Gnade gegebenenfalls zu widerstehen und nicht von ihr bestimmt zu werden - gemäß dem Bibelwort Apg. 7, 51: "Ihr Halsstarrigen, die ihr euch mit Herz und Ohr immerzu dem Heiligen Geist widersetzt ...". Diese "Willensfreiheit" ist zwar im infralapsarischen Zustand geschwächt, nicht in vollem Umfang vorhanden, aber andererseits auch nicht völlig verloren. Demgemäß hat auch durchaus nicht alles, was der Mensch ohne Gottes Gnade, d.h. vor der Rechtfertigung bzw. ohne dieselbe von sich aus tun kann, den Charakter der Sünde. Der (natürliche) Mensch ist nicht darauf fixiert, das Böse zu tun. Allein: das sittlich Gute, das er ohne Gottes Gnade tun kann, entspricht dem Anspruch, den Gott an den Menschen stellt, nicht in vollem Umfang, d.h. es reicht nicht aus, den Menschen vor Gott zu rechtfertigen. Hierzu bedarf es des Beistandes der Gnade, die mit dem menschlichen Willen im Sinne eines "concursus" zusammenwirkt.[17]

Die entsprechenden Stellungnahmen des Tridentinums bezüglich der menschlichen Willensfreiheit finden sich im wesentlichen in den Canones 1, 4, 5 und 7 des "Decretum de iustificatione".[18] Sie lauten:

"Canon 1. Si quis dixerit, hominem suis operibus, quae vel per humanae naturae vires, vel per legis doctrinam fiant, absque divina per Christum Iesum gratia posse iustificari coram Deo: anathema sit."

"Canon 4. Si quis dixerit, liberum hominis arbitrium a Deo motum et excitatum nihil cooperari assentiendo Deo excitanti atque vocanti, quo ad obtinendam iustificationis gratiam se disponat ac praeparet, neque posse dissentire, si velit, sed velut inanime quoddam nihil omnio agere mereque passive se habere: an. s."

"Canon 5. Si quis liberum hominis arbitrium post Adae peccatum amissum et extinctum esse dixerit, aut rem esse de solo titulo, immo titulum sine re, figmentum denique a satana invectum in Ecclesiam: an. s."

"Canon 7. Si quis dixerit, opera omnia, quae ante iustificationem fiunt, quacumque ratione facta sint, vere esse peccata vel odium Dei mereri, aut quanto vehementius quis nititur se disponere ad gratiam, tanto eum gravius peccare: an. s."

Im Gegensatz zu der katholischen Auffassung, daß der Wille des Menschen durch den Sündenfall geschwächt sei, steht Calvins Aussage, der Mensch habe durch den Sündenfall die "Gesundheit" seines Willens verloren, so daß er - ohne Gottes Gnade - nur noch das Böse wollen könne: "siquidem non voluntate privatus est homo ... sed voluntatis sanitate" heißt es bei Calvin.[19]

Diese Kernsätze Calvins, daß der Mensch keine Wahlfreiheit zwischen Gut und Böse habe (ohne Gnade tut er das Böse, mit Gnade notwendig das Gute) und daß der menschliche Wille die "Gesundheit" verloren habe, d.h. krank sei, gaben mehrfach Anlaß zu der Auffassung, daß als Konsequenz der Calvinschen Lehre der Mensch nicht mehr als für seine Handlungen verantwortlich angesehen werden könne, da diese Handlungen ja ihrem moralischen Wert nach festgelegt seien: Wenn der Mensch nicht die Freiheit hat, das Gute zu tun, ist er für das Böse, das er tut, nicht verantwortlich - so argumentiert man. Ferner: Wenn diese Unfreiheit des menschlichen Willens dadurch bedingt ist, daß dieser Wille krank ist ("homo sanitate voluntatis privatus"), so ist der Mensch für diese Unfreiheit seines Willens (samt allen sich daraus ergebenden Konsequenzen) ebenso wenig verantwortlich zu machen wie für jede andere Krankheit - wie ja auch z.B. ein psychisch Kranker nicht verantwortlich gemacht wird für die Verhaltensweisen, die aus seiner psychischen Krankheit resultieren.

Anzumerken ist, daß Calvin dem Menschen eine Wahlfreiheit in profanen, staatlichen Angelegenheiten zuerkannte, die aber irrelevant ist für die Bewertung des Menschen durch Gott: Mit profanem Maßstab gemessen, mag eine Handlung des Menschen im zivilen Bereich als gut erscheinen; mit dem Maßstab des Heils oder der Verdammnis gemessen, kann die Handlung des ungerechtfertigten Menschen nur Sünde sein.[20]

Calvin schreibt dem Menschen vor dem Sündenfall, d.h. im supralapsarischen Zustand, sehr wohl Gesundheit und Freiheit des Willens zu, dennoch wird auch diese Konzeption in drastischer Weise eingeschränkt: Gott hat es in seiner Vorsehung so verfügt, daß der Mensch sündige, heißt es bei Calvin, wodurch diese angebliche "Freiheit" des Menschen in ein sehr zweifelhaftes Licht gerückt wird: "Cadit igitur homo, Dei providentia sic ordinante: sed suo vitio cadit".[21]

Paul Jacobs schreibt dazu:

"Calvin selbst scheint wenigstens die begriffliche Unzulänglichkeit solcher Definition zu ahnen. Das geht aus Sätzen hervor, in denen er die Ursache der reprobatio im Menschen und doch zugleich in Gott behauptet."[22]

Die hier aufgezeigten Schwierigkeiten, gemäß der Calvinschen Lehre die Realisation des göttlichen Ratschlusses, der Prädestination, mit der Freiheit und Verantwortlichkeit des Menschen in Einklang zu bringen, führten zu vielfältiger Kritik, nicht nur an der Willenslehre, sondern der gesamten Theologie Calvins - meist auf der Basis, daß man eben diese Freiheit und Verantwortlichkeit des Menschen nicht gewahrt sah, so daß sich daraus einerseits das Bild der Menschheit als einer willenlosen Masse, andererseits eines ungerechten, grausamen, zu unrecht strafenden Gottes ergab.

Paul Jacobs referiert in diesem Zusammenhang die Kritik des Theologen Heppe, die dieser 1852 in "Geschichte des deutschen Protestantismus" übte. Es heißt bei Jacobs:

"Heppe sieht (formal) in der Prädestinationslehre das Nervengewebe der gesamten Theologie Calvins und (material) die Menschen nur als Masse ohne Willen und Recht."[23]

Jacobs zitiert ebenfalls Th. Ziegler und G. Frank. Ziegler sehe die sittliche Verantwortlichkeit des Menschen in Frage gestellt; wörtlich schreibt er:

"Und so steht schließlich doch die Prädestinationslehre in ihrer ganzen Härte und Furchtbarkeit im Centrum des calvinistischen Systems ... das Rätsel, wie sich die auf absoluter göttlicher Willkür beruhende Prädestination vertragen soll mit menschlicher Zurechnung und sittlicher Verantwortung, ist auf diesem Standpunkt schlechterdings nicht zu lösen."[24]

Frank komme ... zu Behauptungen, die in dieser Schärfe einzig dastehen, aber für die Bewertung der Prädestinationslehre in der Folgezeit typisch seien:

"Das materiale Prinzip des Calvinistischen Systems, welches überall durchschlägt, ist das aeternum immutabile Dei decretum. Gott, der streng Absolute, ist nur für sich thätig, der ganze Weltlauf eine Tragödie, die er aufführen läßt zu seiner Verherrlichung ... Ein grausamer Gott ist dieser Gott Calvins, der ein furchtbares Spiel treibt mit vernünftigen Wesen. Aber er ist auch, da er kontradiktorisch Entgegengesetztes gleich absolut will, in sich selbst zerspalten zu einem ewigen Widerspruch."[25]

Sowohl die hier aufgezeigten in der Calvinschen Theologie enthaltenen Schwierigkeiten als auch die kritischen Stellungnahmen verschiedener Theologen zum Calvinismus werfen gleichzeitig ein entsprechendes Licht auf Shelleys Verständnis des Calvinismus, das seinen in " Refutation of Deism" niedergelegten Stellungnahmen zum Theodizeeproblem zugrundeliegt: Jene im Calvinismus enthaltenen Schwierigkeiten und die kritischen Stellungnahmen anderer Theologen hierzu entlasten gemeinsam Shelley angesicht des möglichen Vorwurfs, seine Rezeption des Calvinismus beruhe auf einem trivialen, kurzschlüssigen Mißverständnis desselben; und seine diesbezügliche Stellungnahme entspreche der eines nicht ernstzunehmenden Außenseiters.

Es wurde bereits früher dargestellt, daß die Anglikanischen Glaubensartikel - besonders bezüglich der Willens- und Prädestinationslehre - einen engen Zusammenhang mit der Lehre Calvins aufweisen.

E.J. Bicknell teilt in seiner - zuerst 1919 erschienenen - "Theological Introduction to the thirty-nine Articles of the Church of England" mit, der oft gehörte Ausspruch: "The Church of England has a Popish Liturgy and a Calvinistic set of Articles" sei nicht voll zutreffend... Der recht schroffe Ton der Artikel spiegele den kämpferischen, aufgewühlten Geist der Zeit ihrer Entstehung wieder. Im Jahre 1553 sei zunächst eine Sammlung von 42 Artikeln entstanden, die im Laufe der folgenden 10 Jahre revidiert und auf die Form der heute vorliegenden Artikel gebracht worden sei. Da die Kirche von England bei dieser Revision darauf gezielt habe, einerseits den schroffen Ton der Artikel abzumildern, andererseits jedoch die Calvinisten nicht aus der Kirche auszuschließen, sei vieles in den Artikeln enthalten, was im Calvinistischen Sinne gedeutet werden könne, aber nicht unbedingt so gedeutet werden müsse. Wörtlich heißt es:

> "Hence there is much in the Articles which, though it need not be taken in a Calvinistic sense, may be taken in that sense."[26]

Bezüglich der Willenslehre, wie sie aus den Anglikanischen Artikeln X, XII und XIII hervorgeht, scheint allerdings kaum eine andere denn die calvinistische Deutung möglich:

In Artikel XIII heißt es, der Mensch sei im infralapsarischen Zustand ohne die rechtfertigende Gnade Gottes ausschließlich zur Sünde fähig:

"Works done before the grace of Christ and the inspiration of the Spirit, are not pleasant to God ... we doubt not that they have the nature of sin."[27]

Umgekehrt stellt Artikel XII fest, die Handlungsweise des Menschen im Zustand der Gnade sei Gott wohlgefällig, und zwar entspringen die guten Werke, die der Mensch in diesem Zustand verrichte, diesem Zustand mit Notwendigkeit:

"Albeit the Good Works which are the Fruit of Faith and follow after justification, ..., are pleasant and acceptable to God in Christ, and do spring necessarily of a true and lively Faith."[28]

Schließlich stellt Artikel X fest, der Mensch sei von sich aus, solange er die Rechtfertigungsgnade noch nicht erhalten habe, nicht fähig, sich auf diese vorzubereiten oder auch Gott um diese zu bitten:

"The condition of man after the fall of Adam is such, that he cannot turn and prepare himself, by his own natural strength and good works, to faith and calling upon God ..."[29]

Bischof John Ellis, dessen Schrift "Defensio Fidei" zur Erklärung der Anglikanischen Artikel an der Universität Oxford zu Shelleys Studienzeit zur Pflichtlektüre der Theologiestudenten gehörte (vgl. Kapitel I.3 der vorliegenden Arbeit), schreibt entsprechend in seiner Erklärung zu Artikel X u.a.: "Homo sine auxilio gratiae necessario peccat, et quod non possit non peccare, ipsius culpa est ...".[30] Philip E. Hughes zitiert in seinem 1965 erschienenen Buch "Theology of the English Reformers" aus der Schrift "Sermon on Repentance" des Anglikanischen Theologen John Bradford (ca. 1510 - 1555) den Satz: "Faith is so far from the reach of man's free will that to reason it is plain foolishness."[31]

All dies wiederholt deutlich die oben explizierte Lehre Calvins von der Gebundenheit des menschlichen Willens.

Nicht ganz so eindeutig bringt der Anglikanische Artikel XVII ("Of Predestination and Election") die Calvinsche Prädestinationslehre zum Ausdruck.

Der volle Wortlaut dieses Artikel lautet:[32]

Of Predestination and Election

Predestination to Life is the everlasting purpose of God, whereby (before the foundations of the world were laid) he hath constantly decreed by his counsel secret to us, to deliver from curse and damnation those whom he hath chosen in Christ out of mankind, and to bring them by Christ to everlasting salvation, as vessels made to honour. Wherefore, they which be endued with so excellent a benefit of God be called according to God's purpose by his Spirit working in due season: they through Grace obey the calling: they be justified freely: they be made sons of God by adoption: they be made like the image of his only begotten Son Jesus Christ: they walk religiously in good works, and at length, by God's mercy, they attain to everlasting felicity.

As the godly consideration of Predestination, and our Election in Christ, is full of sweet, pleasant, and unspeakable comfort to godly persons, and such as feel in themselves the working of the Spirit of Christ, mortifying the works of the flesh, and their earthly members, and drawing up their mind to high and heavenly things, as well because it doth greatly establish and confirm their faith of eternal salvation to be enjoyed through Christ, as because it doth fervently kindle their love towards God: so, for curious and carnal persons, lacking the Spirit of Christ to have continually before their eyes the sentence of God's Predestination, is a most dangerous downfall, whereby the Devil doth thrust them either into desperation, or into wretchlessness of most unclean living, no less perilous than desperation.

Furthermore, we must receive God's promises in such wise, as they be generally set forth to us in holy Scripture: and, in our doings, that Will of God is to be followed, which we have expressly declared unto us in the Word of God.

Der Artikel spricht nicht explizit von einer "Verwerfung" ("Reprobation") oder - wie es im eigentlichen Sprachgebrauch heißt - "double predestination". vielmehr von "Prädestination" und "Erwählung" ("Election"). Es fragt sich indessen, ob unter Zugrundelegung der oben geschilderten Lehre von der Unfreiheit des menschlichen Willens eine einfache Prädestination (zur Seligkeit alleine) überhaupt denkmöglich ist.

Calvin selbst verneint dies, indem er erklärt, die Reprobation gehöre als ein notwendiges Pendent zur Erwählung hinzu, sozusagen als deren Gegenteil: "quando ipsa electio nisi reprobationi opposita non staret" heißt es in der "Institutio".[33]

Dies ergibt sich logisch aus der von Calvin angenommenen Gebundenheit und Sündhaftigkeit des menschlichen Willens: Wen Gott mit seiner Gnade beschenkt, den heiligt und vollendet er auch. Wer aber dieses Gnadengeschenk von Gott *nicht* erhält, verbleibt in seiner absoluten

Sündhaftigkeit, da er sich aus eigener Kraft aus diesem Zustand nicht befreien kann: Er wird zum "Verworfenen". Paul Jacobs schreibt hierzu:

> "Für Calvin gehört die reprobatio zunächst als ein notwendiges Pendent, als opposita zur electio hinzu - um der Aufrechterhaltung der electio willen ... Daß Calvin immer mehr an der Reprobationslehre festgehalten, ja sie immer mehr ausgebildet hat, ist nicht damit zu erklären, daß er sich der drückenden Schwere dieser Lehre nicht bewußt gewesen wäre. ... Er hat sie dennoch vertreten, weil er sie, so wie er sie lehrt, als schriftgemäß empfand und weil er sie außerdem auch als systematisch notwendig erachtete (opposita !). Dabei stellt der zweite Grund für Calvin keine Besonderheit dar, er ist vielmehr im ersten implizit vorhanden."[34]

Durch dieses Denkmodell wird die Menschheit in genau zwei Gruppen aufgeteilt: Die Menge der Erwählten und die Menge der Nicht-Erwählten (oder Verworfenen). Tertium non datur!

Dieses Prinzip ist tatsächlich - wenn auch nur implizit - in dem zitierten Anglikanischen Artikel XVII (über die Prädestination) enthalten, und zwar auf der Basis der oben erläuterten Lehre von der Gebundenheit des menschlichen Willens. Es ist in Artikel XVII die Rede von zwei Personengruppen, zum einen von den Erwählten, zum anderen von der Gruppe der "vorwitzigen und fleischlich gesinnten Personen" ("curious and carnal persons"), für die Gottes Prädestination zum Verhängnis werde - d.h. deren Leben zur Hölle führen werde - da diesen Personen der Geist Christi fehle ("Lacking the Spirit of Christ"). Wegen er Unfreiheit des menschlichen Willens sind diese Personen aber offenbar nicht schuld an ihrem Schicksal, da sie aus eigener Kraft den "Geist Christi" nicht erwerben können, sondern ihn nur als Gnadengeschenk erhalten, ihn dann aber auch nicht ablehnen können. Diese Personen sind also offenbar die Nicht-Erwählten bzw. Verworfenen. Auf der Basis dieser Interpretation ist die Lehre von der Reprobation in den Anglikanischen Artikeln also durchaus - wenn auch implizit - enthalten.

Indessen gibt es die unterschiedlichsten - auch durchaus gegensätzliche - Interpretationen dieses bedeutungsvollen Artikels XVII. Es trifft für diesen Artikel offenbar in besonderem Maße zu, was Bicknell über die Zweideutigkeit der Anglikanischen Artikel feststellte: daß nämlich sehr oft eine calvinistische wie auch nicht-calvinistische Deutung möglich sei. (Siehe oben).

Bicknell selbst gibt eine nicht-calvinistische Interpretation des Artikels XVII, die allerdings - wie alle entsprechenden Interpretationen dieses Artikels - logisch auf tönernen Füßen steht:[35]

Bicknell räumt zunächst ein, daß der Anfang des Artikels sehr "calvinistisch" klinge. Es heißt dort:

"Predestination to Life is the everlasting purpose of God whereby (before the foundations of the world were laid) he hath constantly decreed by his counsel secret to us to deliver from curse and damnation those whom he hath chosen in Christ out of mankind and to bring them by Christ to everlasting salvation." (Siehe oben).

Diese Formulierung lege nahe, daß Christus nicht für alle Menschen, sondern nur für die Erwählten gestorben sei, was die Universalität des göttlichen Heilswillens verneinen würde - im Sinne Calvins. Bicknell gibt an, bei der früheren - 1553 erstellten - Fassung der Anglikanischen Artikel sei der hier zitierte Anfangssatz von Artikel XVII noch um den Nebensatz "although the decrees of predestination are unknown to us" ergänzt gewesen, während in der Passage "whom he hath chosen in Christ out of mankind" die Angabe "in Christ" gefehlt habe. In dieser früheren Formulierung sei der Artikel noch stärker auf eine calvinistische Sinndeutung festgelegt gewesen.[36]

Die revidierte Fassung, wie sie heute vorliege, lasse offen, ob durch eine "Erwählung in Christus" ein universeller, oder nicht-universeller Heilswille zum Ausdruck komme.

Bicknell versucht nun, die Universalität des göttlichen Heilswillens zu beweisen durch Rekursion auf den Schluß des Artikels XVII: Er zitiert den vorletzten Satz wie folgt - wobei der Zusatz in der Klammer von ihm eingefügt wurde: "We must receive God's promises in such wise as they are generally (i.e. universally, for all men) set forth in Holy Scripture".[37] Dies bedeute, daß Gottes Versprechen (promises) für alle Menschen (for all men) gegeben worden seien. Es ist offenkundig, daß hier die Sprache manipuliert wurde; das Wort "generally" bezieht sich eindeutig auf das Verb "to set forth" (= bekannt machen), nicht aber auf den Akt des Versprechens.

Bicknell versucht dann, das Phänomen der Nicht-Erwählung in dem Sinne zu deuten, daß es diese eigentlich überhaupt nicht gebe: Entweder handele es sich um Noch-Nicht-Erwählung, oder um eine Berufung, von der der Berufene aus eigener Schuld keinen Gebrauch gemacht habe im Sinne des Christuswortes (Mt. 22, 14): "Viele sind berufen, aber wenige sind auserwählt".[38] Dies setzt aber gerade wieder die Existenz menschlicher Willensfreiheit voraus, die jedoch - auf der Basis der oben gegebenen Interpretation der Artikel X, XII und XIII - durch die Anglikanischen Artikel geleugnet wird.

Konsequenter interpretiert hier Philip E. Hughes in seiner zuerst 1965 erschienen Schrift "Theology of the English Reformers": "Those who through His grace are brought to salvation have been chosen from all eternity," heißt es hier.[39] D.h.: diejenigen, die zur Seligkeit gelangen, waren vorher erwählt worden; Mit anderen Worten: *Nur* die Erwählten werden selig. Weiter: "If our salvation is altogether the work of God, then there is no possibility of its failing."[40] D.h.: *Jeder* Erwählte gelangt auch zur Seligkeit. Zusammengefaßt: *Alle* Erwählten und *nur* die Erwählten - d.h. genau die Erwählten - gelangen zur Seligkeit. Diese Interpretation ruht auf der Lehre von der Unfreiheit des menschlichen Willens auf: Hughes spricht demgemäß von der "totalen Unfähigkeit des Menschen und der totalen Fähigkeit Gottes, das Heil des Menschen zu erwirken".[41]

Offenbar verstand Shelley sowohl die Willens- als auch die Prädestinationslehre des Anglikanismus im calvinistischen Sinne. Dies geht eindeutig hervor aus seinen bereits früher zitierten Äußerungen aus "A Refutation of Deism". (Vgl. Kapitel I.4 der vorliegenden Arbeit).

Sehr deutlich wird die Unfreiheit des menschlichen Willens ausgedrückt durch Shelleys Sätze:

> "... man ... acted as omniscience had foreseen and was such as omnipotence had made him. For to assert that the Creator is the author of all good, and the creature the author of all evil, is to assert that one man makes a straight line and a crooked one, and another makes the incongruity."[42]

Diese Stellungnahme wurde bereits in Kapitel I.4 - im Zusammenhang mit Shelleys Äußerungen bezüglich eines durchgängigen Determinismus - als Negierung der menschlichen Willensfreiheit interpretiert.

Auch Artikel XVII (über die Prädestination) wird von Shelley offenkundig calvinistisch - unter Annahme auch einer göttlichen Reprobation - gedeutet: Shelley schreibt:

> "The first man yielded to this temptation, and ... the whole of his posterity must have burnt in hell, if God had not sent his only son on earth, to save those few whose salvation had been foreseen and determined before the creation of the world."[43]

Indem hier explizit ausgesprochen wird, Gott habe seinen Sohn auf die Erde gesandt, um die wenigen zu retten, deren Heil vor Erschaffung der Welt beschlossen worden sei, wird die typisch calvinistische Leugnung der Universalität des göttlichen Heilswillens wiederholt.

Shelley hatte in Anbetracht der philosophischen Basis, auf der seine Schrift "A Refutation of Deism" steht, wohl auch keine andere Wahl zur Interpretation der Prädestination. Im Lexikon für Theologie und Kirche wird ausdrücklich festgestellt: "Das Zeugnis göttlicher Verwerfung wird nur im philosophischen Schema göttlicher Allkausalität zum Parallelismus zur Erwählung".[44]

Eine solche göttliche Allkausalität nahm Shelley jedoch in "A Refutation of Deism" - nicht nur auf der Basis des Calvinismus, sondern auch auf der Basis eines durchgängigen naturwissenschaftlichen Determinismus - als gegeben an, wie in Kapitel I.4 der vorliegenden Arbeit bereits gezeigt wurde.

Recht auffällig und interessant erscheint die weitgehende Übereinstimmung der Shelleyschen Argumentation mit einem Teil der Argumente, die Bischof John Ellis in seiner die Anglikanischen Glaubensartikel erklärenden Schrift "Defensio Fidei" vorträgt. Es wurde bereits mehrfach erwähnt, daß diese Schrift zu Shelleys Studienzeit zur Pflichtlektüre der Theologiestudenten der Universität Oxford gehörte, so daß ihr Inhalt also dem theologisch außerordentlich interessierten Shelley höchst wahrscheinlich bekannt war.

Ellis versuchte in seiner Erklärung zu Artikel XVII eine nicht-calvinistische Deutung, die jedoch logisch mißlingt (vgl. Kapitel I.3 der vorliegenden Arbeit). Ellis schreibt mit Bezug auf den Menschen vor dem Fall:

> "Deus non praedeterminavit merita vel demerita imponendo necessitatem, sed dedidit homini ante lapsura arbitrium liberrimum".[45]

An anderer Stelle der nämlichen Schrift (bei der Erklärung zu Artikel X) finden wir dann allerdings eine Erklärung zu obigem Satz, die dessen Gültigkeit widerlegt (vgl. S. 30 der vorliegenden Arbeit):

> "Deus vero condidit hominem ut mandatis ejus implendis par esset; deinde Deus requirit ab homine legis obedientia, non ut conatu irrito in plenam ejus adimpletionem incumbat, sed animadversa ejus impossibilitate virium naturalium respectu, ad Christum confugiat, in quo fideles omnia possunt."[46]

Es wurde bereits an früherer Stelle dieser Arbeit (Kapitel I.3) der logische Widerspruch dieser Argumentation beleuchtet: Wenn Gott gewollt hat (was durch den Nebensatz mit "ut" und den Konjunktiv "confugiat" ausgedrückt ist), daß der Mensch die Unzulänglichkeit seiner Kräfte feststellt und - als Sünder - dann zu Christus als Erlöser seine Zuflucht nimmt, dann hat Gott weder den Menschen mit ausreichenden Kräften ausgestattet noch ihm einen freien Willen gegeben (was beides Ellis aber behauptet), sondern den Fall des Menschen gewollt und sozusagen "vorprogrammiert".

Die gleiche Aporie findet sich bei Calvin: "Cadit igitur homo, Dei providentia sic ordinante, sed suo vitio cadit."[47]

Shelley greift diesen Gesichtspunkt auf, indem er schreibt:

> "God is here represented as creating man with certain passions and powers, surrounding him with certain circumstances, and then condemning him to everlasting torments because he acted as omniscience had foreseen, and was such as omnipotence had made him."[48]

Der Vorwurf, den Shelley Gott hier macht, ist unübersehbar; er wurde bereits in Kapitel I.4 dieser Arbeit ausführlich erläutert. Als "Foul Tyrant both of Gods and Human-kind" wird Gott von Shelley in "Prometheus Unbound" bezeichnet (Akt I, Zeile 264; vgl. Kapitel II.2.c der vorliegenden Arbeit).

Shelley löst also die bei Calvin wie auch bei Ellis vorhandene Aporie auf seine Weise auf: Calvins "Cadit igitur homo Dei providentia sic ordinante, sed suo vitio cadit" müßte bei Shelley demnach sinngemäß lauten: "Cadit igitur homo Dei providentia sic ordinante, et Dei vitio cadit."

Ähnlich bei John Ellis: Dieser fügt seiner oben zitierten Argumentation den Satz hinzu: "Ille tyrannus foret, qui ea imperaret, ad quae faciunda nunquam collatae essent vires."[49] Bei Shelley müßte dieser Satz heißen: "Ille tyrannus est, qui ea imperabat, ad quae faciunda nunquam collatae erant vires."

Es stellt sich die Frage, was Shelley zu der dargestellten Interpretation der in ihrem Aussagegehalt nicht immer ganz eindeutigen Anglikanischen Artikel veranlaßte:

Sicherlich ist diese Interpretation nicht isoliert zu sehen: Sie steht zum einen im Zusammenhang mit dem in "A Refutation of Deism" vertretenen Determinismus (vgl. Kapitel I.4); Sie wurde angeregt durch die vielfältigen geistigen Einflüsse, die ihm die entsprechende Interpretation des Christentums - meist mit Kritik verbunden - vermittelten (vgl. Kapitel I.3), vorab natürlich durch sein "großes" Vorbild: David Hume (vgl. Kapitel I.5)

Nicht übersehen werden darf, daß Shelley - über die obengenannten Einflüsse und den Rahmen des Anglikanismus hinaus - sicherlich auch auf andere Weise mit der calvinistischen Theologie in Berührung kam:

Anders als im Fall der Anglikanischen Artikel, war die Lehre von der "doppelten Prädestination" (Reprobation im calvinistischen Sinne) in die 1615 verfaßten sogenannten "Irischen Artikel" aufgenommen worden.[50] Es kann daher angenommen werden, daß Shelley diese zu der damaligen Zeit in Irland allgemein verbreitete Interpretation des Begriffs der Prädestination kannte, da er sich längere Zeit in Irland aufhielt, insbesondere um den Freiheitskampf der Iren gegen die englische Krone zu unterstützen.[51]

Aber auch in England selbst war die Lehre von der "doppelten Prädestination" (im calvinistischen Sinne) zu Shelleys Zeit weit verbreitet, insbesondere bei mehreren Teilgruppen der Puritaner, die sich im 17. Jahrhundert aus Protest gegen die Anglikanische Lehre etabliert hatten: so z.B. bei den Presbyterianern, die sich auf die streng calvinistische Lehre des John Knox beziehen, und die durchgängig in Schottland, aber auch weitgehend in England anzutreffen sind - und auch zu Shelleys Zeiten schon waren.[52] Ähnlich steht es mit den Baptisten und ihrer Lehre.[53]

Shelleys Interpretation der Anglikanischen Artikel im calvinistischen Sinne entsprach somit nicht nur einer im Anglikanismus selbst vorhandenen Möglichkeit und Strömung, sondern auch der religiösen Auffassung weiterer in England verbreiteter Denominationen.

I.7 Versuch einer Rechtfertigung Gottes in Shelleys "Essay on Christianity"

Eine völlig andersartige Antwort auf die Theodizeefrage als die in "A Refutation of Deism" enthaltene finden wir in Shelleys "Essay on Christianity". Das mag damit zusammenhängen, daß Shelley bei Abfassung dieses "Essays" unter einem völlig andersartigen geistigen Einfluß stand als zur Zeit der Entstehung von "A Refutation of Deism".

Die Antwort auf die Theodizeefrage, die Shelley in seinem "Essay" gibt, läßt eine deutliche inhaltliche Entsprechung zu einer Stelle in Platons "Staat" erkennen, den Shelley im Jahre 1821 - zumindest teilweise - ins Englische übersetzte. Die von Shelley übersetzte Stelle aus dem "Staat" lautet:

> "God then, since he is good, cannot be, as is vulgarly supposed, the cause of all things; he is the cause, indeed, of very few things. Among the great variety of events, which happen in the course of human affairs, evil prodigiously overbalances good in everything which regards men. Of all that is good, there can be no other cause than God; but some other cause ought to be discovered for evil, which should never be imputed as an effect to God".[1]

E. Barnard berichtet, Shelley habe sein Erstaunen über diese Stelle aus dem "Staat" zum Ausdruck gebracht.[2] (Vgl. Kapitel I.1 der vorliegenden Arbeit).

In Shelleys "Essay on Christianity" nun finden wir eine Stelle, die jener aus dem "Staat" inhaltlich sehr genau entspricht. Sie lautet:

> "Thus much is certain that Jesus Christ represents God as the fountain of all goodness, the eternal enemy of pain and evil, the uniform and unchanging motive of the salutary operations of the material world. The supposition that this cause is excited to action by some principle analogous to the human will adds weight to the persuasion that it is foreign to its benevolent nature to inflict the slightest pain. According to Jesus Christ, and according to the indisputable facts of the case, some evil Spirit has dominion in this imperfect world".[3]

"... some other cause ought to be discovered for evil" schreibt Platon, wobei Platon durchgängig keinen Dualismus vertritt, an der zitierten Stelle es jedoch nicht ganz sicher erscheint, ob nicht doch an ein von Gott unabhängiges Prinzip gedacht, also ein Dualismus gemeint ist (vgl. Kapitel I.1 dieser Arbeit). Bei Shelley allerdings scheint der "evil Spirit" im Sinne eines Dualismus gemeint zu sein. Dies jedenfalls wird durch die Darstellung in Shelleys Gedicht "The Revolt of Islam" deutlich, wo von zwei Mächten ("Two Powers") die Rede ist, die gleichsam als zwei gleiche Götter die Welt beherrschen: der böse Geist ("Spirit of evil") und der Geist des Guten ("Spirit of Good"). Wörtlich heißt es:

"Two powers o'er mortal things dominion hold.
Ruling the world with a divided lot,
Immortal, all-pervading, manifold,
Twin Genii, equal Gods ...
the spirit of evil ...
And the great Spirit of Good".[4]

Selbst unter Voraussetzung dieses Dualismus steht die oben zitierte Passage aus "Essay on Christianity" in schroffem Gegensatz zu entsprechenden, zur Theodizeefrage Stellung nehmenden Äußerungen aus "A Refutation of Deism" (vgl. Kapitel I.4 dieser Arbeit), in dem derselbe Gott, der sich durch sein in der Bibel festgehaltenes Wort manifestiert, in der einen Schrift aufs schärfste angeklagt wird wegen des Übels in der Welt und als "Dämon" bezeichnet wird, in der anderen Schrift aber gegen jeden Verdacht, ursächlich an der Entstehung des Übels beteiligt zu sein, verteidigt wird.

Die Frage nach dem Grund für diesen Umschwung drängt sich auf: Verschiedene Faktoren könnten zu einer Antwort beitragen: Es wurde bereits darauf hingewiesen, daß sich Shelley in der Abfassung der Schrift "A Refutation of Deism" vorwiegend Hume anschloß, während die andere der beiden betrachteten Schriften - "Essay on Christianity" - enge Anlehnung an Humes geistigen Antipoden - Platon - zeigt (vgl. hierzu Kapitel I.8 dieser Arbeit).

Man könnte auch das Faktum zur Begründung heranziehen, daß in "A Refutation of Deism" vorwiegend auf den Gott des Alten Testaments Bezug genommen wird, dessen Strafgerechtigkeit Shelley anprangert, während "Essay on Christianity" sich deutlich auf den von Jesus Christus verkündeten Gott - also den Gott des Neuen Testaments - bezieht, dessen Liebe und Erbarmen im Vordergrund der biblischen Schilderung steht. Beide Erklärungen mögen die Änderung in Shelleys Einstellung zur

Theodizeefrage teilweise erklären. Ein weiterer gewichtiger Grund besteht jedoch sicherlich in der Tatsache, daß Shelleys Haltung dem Christentum gegenüber sich insgesamt im Laufe der Jahre deutlich verändert hat: Die Schärfe der zeitweiligen Ablehnung geht aus den Zitaten aus "A Refutation of Deism" hervor. In späteren Jahren, insbesondere zur Zeit der Abfassung von "Essay on Christianity", ist dann eine deutliche Annäherung an den Standpunkt des Christentums festzustellen, die von einigen Autoren als "Bruch" gegenüber der früheren Haltung angesehen wird, von anderen als das Ergebnis eines allmählichen Überganges: E. Barnard schreibt in seinem Buch über "Shelley's Religion":

> "In the first place, it ought now to be evident that, although Shelley at no period of his life remained for long a materialist or an atheist in any crude sense, yet between his earlier and his later thought there is a break, an opposition, a contradiction in the spirit, perhaps, more than in the letter - which is hardly possible to exaggerate".[5]

Welburn hingegen glaubt eher, eine allmähliche Änderung zu erkennen. In seinem Buch über "Power and Self-Consciousness in the Poetry of Shelley" schreibt er:

> "The gradual alteration in Shelley's opinion of Christianity (and of its founder) has been ably traced before. The change was palpable. Anyone who reads the 'Notes on Queen Mab' and then the 'Essay on Christianity' may come to his own conclusions".[6]

Barnard geht sogar so weit, eine inhaltliche Aussage bezüglich Shelleys religiösem Standpunkt zu wagen:

> "I will even go so far as to say that in 'Hellas' Shelley stands on the verge of believing in his Spirit of Good to have been incarnate in Jesus Christ".[7] (Bezüglich "Spirit of Good" siehe oben S. 72).

Auch Donald H. Reiman ordnet den "Essay on Christianity" entsprechend ein. In seiner Studie zu "The Triumph of Life" schreibt er:

> "The 'Essay on Christianity' could place Shelley theologically with many liberal or existential Protestants of our own day".[8]

In einigen Punkten macht Shelley es sich mit seinem Versuch, Gott zu rechtfertigen, allerdings etwas zu leicht, so zum Beispiel mit der Frage nach dem Sinn der biblischen Aussagen über die Hölle und deren Vereinbarkeit mit der Güte Gottes: Er entledigt sich dieser Frage durch die Behauptung, Jesus Christus habe nie von der Existenz einer Hölle gesprochen, da eine solche in der Tat nicht vorhanden sei, ja - wegen der Güte Gottes - nicht vorhanden sein könne. Man vergleiche hierzu den nämlichen Standpunkt des Irenäus, dargestellt in Kapitel I.1 der vorliegenden Arbeit. H. Viebrock weist nach, daß Shelley tatsächlich die Schrift "Adversus Haereses" des Irenäus gelesen hat, in der dieser die Existenz der Hölle leugnet.[9] (Vgl. Kapitel II.2.d der vorliegenden Arbeit).

Demgemäß behauptet Shelley, entsprechende biblische Aussagen müßten nachträgliche, sinnverfälschende Einfügungen in den originalen Bibeltext darstellen. Wörtlich heißt es bei Shelley:

> "Jesus Christ would hardly have cited as an example of all that is gentle and beneficient and compassionate a being who shall deliberately scheme to inflict on a large portion of the human race tortures indescribably intense and indefinitely protracted".[10]

Daß Shelley die Art der Hölle, die er beschreibt, für unvereinbar hält mit Gottes Güte, erscheint verständlich. Shelleys Fehler liegt dabei in einer naiven Mißinterpretation dessen, was sinnvollerweise mit dem Begriff "Hölle" gemeint sein kann. (Vgl. hierzu Kapitel I.9 dieser Arbeit).

Bemerkenswert erscheint immerhin, daß in Verbindung mit dem Versuch einer Rechtfertigung Gottes Shelleys Blick, der auf die Möglichkeit einer Sinngebung, eines Zieles des menschlichen Lebens gerichtet ist, sich-wieder-nach "oben", d.h. auf die Möglichkeit eines jenseitigen Lebens wendet, nachdem diese Blickrichtung vorher völlig aufgegeben worden war (vgl. Kapitel I.2, I.8): Hierzu äußert Shelley in seinem "Essay on Christianity":

> "Another and a more extensive state of being rather than the complete extinction of being, will follow from that mysterious change which we call death. There will be no misery, no pain, no fear. The empire of the evil spirit extends not beyond the boundaries of the grave ... We see God, and we see that he is good".[11]

Über die Gewißheit bzw. Wahrscheinlichkeit, mit der Shelley diese seine eigenen Worte für wahr hält, werden wir gleich anschließend informiert: "How delightful a picture, even if it be not true!".[12] (Diese Formulierung läßt sich auf Deutsch in etwa mit den Worten wiedergeben: "Wie herrlich ist dieses Bild, selbst wenn es nicht wahr sein sollte.")

Hier entscheidet offenbar der Nebensatz "even if it be not true" über das Ausmaß, in dem die Gültigkeit der vorausgehenden Aussage bestätigt bzw. eingeschränkt oder verneint wird. Nach Angabe des "Oxford Dictionary" bringt die Verbindung von "if" mit dem Konjunktiv Präsens einen vom Sprecher keinesfalls bestätigten, vielmehr angezweifelten Inhalt zum Ausdruck. Wörtlich hießt es:

"The subjunctive after 'if' implies that the speaker guards himself from endorsing the truth or relation of the statement, it is consistent with his doubt of it".[13]

Als Beispiel wird ein Satz aus dem Jahre 1759 (also einem Zeitpunkt kurz vor Shelleys Lebenszeit) angegeben:

"If there be any man faultless, bring him forth in view".[14]

Zu dieser Bedeutung von "if" gibt es Beispiele aus Shelleys eigenem Repertoire, sowie aus dem Shakespeares: Bei Shelley heißt es an anderer Stelle:

"A bear is not perfect except he is rough, a tiger is not perfect if he be not voracious ...".[15]

Daß ein Tiger nicht gefräßig sei, wird vom Schreiber keinesfalls bestätigt, sondern bezweifelt. Das Gegenteil ist wahrscheinlich: Er ist gefräßig. Ebenso liegen die Verhälntisse in Shakespeares "Sonnet CXVI", wo es heißt:

"Love is not love which alters when it alteration finds, or bends with the remover to remove: Oh no! It is an ever fixed mark that looks on tempests and is never shaken ... If this be error and upon me proved, I never writ nor no man ever lov'd".[16]

Auch hier ist es ganz klar: Der Autor bezweifelt, daß dies "Irrtum" sei, was er äußert, er hält das Gegenteil für wahrscheinlich. Entsprechend liegen die Verhältnisse bezüglich Shelleys Äußerung über das Leben im Jenseits: Er bezweifelt, daß seine Darstellung "not true" (d.h. "unwahr") sei, d.h., er hält sie für überwiegend wahrscheinlich.

Eine kurze Bemerkung über den Zeitpunkt der Abfassung des "Essay on Christianity" soll noch angefügt werden. In der Ausgabe der Werke Shelleys, die von Roger Ingpen kommentiert wurde, findet sich eine

Notiz über die Schwierigkeit, den "Essay on Christianity" mit Sicherheit zu datieren; sie lautet:

> "Last not least of the difficulties connected with this text comes the question of date. Critics have been very uncertain on this point. Whilst Mr. W. M. Rossetti and Mr. H. Buxton Forman were fairely agreed in assigning the essay to the year 1815, or 'a little later', Mr. J. C. Jefferson confidently suggested 1820 or 1821 ... the precise date must be a matter of conjecture".[17]

Die hier aufgewiesene deutliche Abhängigkeit von Shelleys 1821 erfolgter Übersetzung von Platons "Staat" scheint eine Abfassung des "Essay on Christianity" nicht vor 1821 sicherzustellen!

I.8 Die Bedeutung des Theodizeeproblems für Shelleys geistige Situation im ganzen

Es ist nicht nur bezüglich des Theodizeeproblems ein Widerspruch, ein Riß in Shelleys geistiger Haltung zu erkennen: Einerseits lehnt Shelley das Christentum radikal ab aus verschiedenen Gründen:

Er lehnt den Deismus wie den Theismus seiner Zeit ab, wie aus seiner Schrift: "A Refutation of Deism" erkennbar ist: in beiden Aspekten getreulich Hume und dessen Begründungen folgend. Die entsprechenden Begründungen sind gestützt einerseits auf den Empirismus (nur was der Erfahrung entspricht, wird als gültig anerkannt), andererseits (was den Glaubensbegriff betrifft) auf Rationalismus (daß nämlich nur das "geglaubt" werden könne, was von der Vernunft durchschaut und gebilligt wird).

Der Deismus wird von Shelley abgelehnt zum einen, weil seine Basis, die Gottesbeweise, auf dem Hintergrund des Empirismus für ungültig befunden werden; zum anderen, weil Shelleys negative Antwort auf die Theodizeefrage die Existenz Gottes ausschließt. Auch der (auf der Offenbarung beruhende) Theismus scheint für Shelley nicht haltbar, vorwiegend weil Begriffe wie "Trinität" und "Inkarnation" rational nicht verständlich erscheinen; auch hier fällt die negative Antwort auf die Theodizeefrage ins Gewicht. Damit entfällt für Shelley eine Sinndeutung der Welt und des eigenen Lebens, wie sie vom Christentum her möglich ist (vgl. Kapitel I.2 dieser Arbeit), und er wendet sich demgemäß einer von der Transzendenz losgelösten immanenten Sinngebung zu, die - rein immanent gesehen - ähnliche oder die nämlichen Ziele verfolgt wie das Christentum: die Verwirklichung von Frieden und Nächstenliebe unter den Menschen:

> "The society of peace and love! - Oh! That I may be a successful apostle of this only true religion, the religion of philanthropy!" schreibt Shelley in einem Brief an Elizabeth Hitchener.[1]

Was Shelley hier mit "religion of philanthropy" meint, wird durch eine andere Äußerung deutlich: "I did not truly think and feel, however, until I read 'Political Justice'" schreibt Shelley in einem Brief vom 3.6.1812.[2] Der Autor der hier erwähnten Schrift ist William Godwin, ihr voller Titel: "An Enquiry Concerning Political Justice and its Influence on General Virtue and Happiness".

Shelley begegnete William Godwin zuerst im Jahre 1811. Er wurde sein Freund und begeisterter Anhänger. Godwin vertritt, nachdem auch er wegen der Lehren Calvins am Christentum verzweifelt war (vgl. Kapitel I.3 dieser Arbeit), in seinem gesamten Werk -in extremer Weiterentwicklung Rousseauscher Ideen - die Ansicht, daß der Mensch durch Appell an die Vernunft moralisch in beliebig hohem Maße gebessert werden könne, d.h. "perfectible" sei, ohne daß der Grenzwert dieser Folge, die völlige Perfektion, tatsächlich erreicht werden könne. Voraussetzung hierfür sei jedoch, daß der Mensch freigesetzt werde von allen institutionalistischen Zwängen, da der Mensch nur in völliger Freiheit und Selbstbestimmung moralisch handeln könne. Das würde unter anderem die Abschaffung jeglicher Regierung bedeuten - gleichzeitig als Voraussetzung wie auch als Konsequenz eines moralisch gehobenen Zustandes der Menschheit.

Godwin glaubt, daß dieser Prozeß zum moralisch Guten hin mit Notwendigkeit in der geschilderten Weise verlaufen müsse, sofern man die Menschen nur in genügendem Maße von den äußeren Zwängen befreie:

> "Man is an intellectual being. There is no way to make him virtuous, but in calling forth his intellectual powers. There is no way to make him virtuous, but by making him independent. He must study the laws of nature, and the necessary consequences of actions, not the arbitrary caprice of his superior. ... It can only be the most deplorable perversion of reason, that we can be induced to believe any species of slavery, from the slavery of the schoolboy to that of the most unfortunate negro in our West-India plantations, favourable to virtue".[3]

> "From the moral claim for complete independence naturally flows Godwin's anarchist political philosophy" schreibt Dawson.[4]

Und in der Tat: In "Political Justice", i, 246 lesen wir bei Godwin:

> "By its very nature positive institution has a tendency to suspend the elasticity and progress of mind. Every scheme for embodying imperfection must be injurious".[5]

Die Konzeption Godwins entstammt dem Gedankengut der Französischen Revolution. Condorcet, einer der Theoretiker der Französischen Revolution, sieht in seinem 1794 erschienenen Werk eine Zeit heraufbrechen, "wo die Sonne auf der Erde nur freie Menschen bescheint, die keinen anderen Herren als ihre Vernunft anerkennen, wo Tyrannen und Sklaven, Priester und ihre Werkzeuge nur noch in den Geschichtsbüchern und auf der Bühne existieren werden! Nachdem einmal der religiöse Aberglaube und die politische Tyrannei endgültig abgeschafft [seien, würden] sich die Bedürfnisse und Fähigkeiten der Menschen mitten in der Vervollkommnung von Industrie und Wohlfahrt selbst ausgleichen und es würde sich die Gesundheit und die Lebensdauer der Menschen verbessern und verlängern, etc.".[6]

Shelley gab dieser Lehre zeitweise seine eigene Note, indem er die Notwendigkeit, mit der nach Godwin die von ihm geschilderte Entwicklung sich vollzieht und die Holbach in seinem "Système de la Nature" (1770) materialistisch begründet hatte, als das Wirken eines weltimmanenten pantheistischen Prinzips interpretierte und indem er außerdem den Gegensatz der Godwinschen Lehre zum Christentum in pointierter Weise zur Geltung brachte:

Einem Brief Shelleys vom 11. Juni 1811 entnehmen wir, daß Shelley außer der erwähnten "religion of philanthropy" auch noch einer "religion of pantheism" huldigt. Es heißt dort:

> "In this sense I acknowledge a God, but merely as a synonime (sic) for the existing power of existence. ... I do not in this (nor can you do, I think) recognize a being which has created that to which it is confessedly annexed as an essence, as that without which the universe would not be what it is. It is therefore the essence of the universe, and the universe is the essence of it. It is another word for the essence of the universe".[7]

Diese "essence of the universe" bezeichnet Shelley auch gelegentlich als "indwelling Spirit of Nature". Er nimmt an, daß dieser "Spirit", obgleich jeglicher personalen und voluntativen Komponente bar, dennoch "gut", d.h. "das Gute bewirkend" sei, allein auf Grund "unausweichlicher Kausalgesetze".[7]

In dieser Art von Pantheismus ist eindeutig die Konzeption Spinozas wiederzuerkennen. In der Tat weiß man, daß Shelley sich mit den Werken Spinozas beschäftigt hat, daß er u.a. den "Tractatus Theologico-Politicus" gelesen und teilweise übersetzt hat und diesen Traktat auch gelegentlich zitiert, so u.a. in "A Refutation of Deism".[8] Shelleys oben zitierter Brief stammt vom 11. Juni 1811. Zu diesem Zeitpunkt muß Shelley

Spinozas Lehre schon gekannt haben, denn bereits rund fünf Monate vorher, nämlich am 12. Januar desselben Jahres, schreibt Shelley in einem Brief an Hogg: "I will answer in the words of Spinoza".[9]

Für Shelley ergibt sich aus der spinozistisch unterlegten Lehre Godwins nun eine pointierte Gegnerschaft gegenüber der Monarchie und dem Christentum seiner Zeit wegen ihrer Institutionalisierung in Gestalt von Staat bzw. Kirche, da nach Godwin jegliche Art von menschlicher Institution ("positive institution" - s.o.) die Freiheit des Menschen und somit den Fortschritt der Menschheit behindert und da Shelley ferner in der spezifischen Wirksamkeit von Kirche und Staat eine Behinderung des Wirkens jenes die Welt kontinuierlich verbessernden "Spirit of Nature" sah.

Würde der Mensch diese Hindernisse beseitigen, so würden die gegenwärtigen Fähigkeiten des Menschen zur Allmacht gesteigert, und der Mensch würde sich in unaufhörlichem Fortschritt dem Zustand der Perfektion annähern. Wasserman beschreibt Shelleys Standpunkt in dieser Angelegenheit wie folgt:

> "This pantheistic Spirit is the 'beneficient actuating principle', not because it has will and chooses good rather than evil, but because it is 'necessarily beneficient', fulfilling itself in accordance with ineluctable causal laws. Consequently, were man to withdraw the obstacles, such as Christianity and monarchy, with which he has thwarted this Spirit and were he to submit to it as passively as nature does, his 'present potence will become omnipotence', and 'human powers whose progression in improvement has been so great since the remotest tradition', will develop interminably toward perfection".[10]

Hier erkennt man sowohl die Ansicht Godwins als auch die Spinozas wieder (vgl. S. 78 und S. 23f der vorliegenden Arbeit).

Dawson bringt Shelleys Standpunkt auf die Formel: "Man must assert his moral independence by repudiating all exterior claims to rule over him".[11] Für Shelley ist das Christentum seiner Zeit keine Herzenssache des Menschen, sondern vielmehr ein von außen an den Menschen herangetragener Anspruch, der nicht nur den Fortschritt nicht fördert (vgl. Kapitel I.4), sondern, wie oben erwähnt, auch behindert. So erklärt sich dann auch Shelleys scharfe Polemik gegen das, was er als Kirche erlebte bzw. zu erleben glaubte. "Where two or three are gathered together, the devil is among them"[12] schreibt Shelley in zynischer Perversion des Christuswortes (Mt 18, 20): "Where two or three are gathered together in my name, there I am in the midst of them".

Dieser scharfe, auf zwei verschiedenen Aspekten beruhende Gegensatz zwischen Shelleys Fortschrittsglauben und dem Christentum ändert sich auch nicht, als Shelley später auf die Ansicht verzichtet, der Fortschritt käme notwendigerweise zustande, wenn der Mensch sich nur passiv genug verhalte, sondern als er glaubt, der Mensch müsse sich um die moralische Besserung der Welt aktiv bemühen und es müsse Menschen geben, die die geistigen Kräfte der Masse aktivieren: "I have a passion for reforming the world" schreibt er im Vorwort zu dem Gedicht "Prometheus Unbound", in dem er gegen die Lehren des geoffenbarten Christentums aufs schärfste polemisiert (vgl. Kapitel II.2 dieser Arbeit).

Auch später, als er glaubt, seine Reformideen aus den Lehren Christi herauslesen zu können, bleibt er im Gegensatz zum Christentum seiner Zeit, d.h. zu dem, was er darunter versteht, da er davon überzeugt ist, daß dieses Christentum selbst an den wahren Lehren Christi vorbeigehe und verbeihandle, d.h. im Gegensatz zu diesen stehe: "Religion Christless, Godless, a book sealed" heißt es in dem Gedicht "England in 1819" mit Bezug auf das Christentum jener Zeit.[13] (Bezüglich der Begründung hierfür siehe Kapitel II.2.a der vorliegenden Arbeit).

Die Behauptung H. Höhnes, Shelley habe bis zum Ende seines Lebens auf der Haltung des Atheismus beharrt, sobald es um gesellschaftliche oder politische Probleme gegangen sei,[14] ist somit nicht eigentlich zutreffend. Shelley verblieb zwar bei dem moralischen Aspekt seiner Christentumskritik, nicht aber bei einem eigentlichen Atheismus, da er die Lehren Christi anerkannte: Shelley selbst schreibt:

> "Doctrines of reform were never carried to so great a length as by Jesus Christ: the Republic of Plato and the Political Justice of Godwin are probable and practical systems in the comparison".[15]

Shelley beabsichtigt nun, seine Dichtung in den Dienst dieses "Fortschrittes der Welt" zu stellen, durch sie die von Godwin benannten "geistigen Kräfte" zu wecken, die seiner Ansicht nach die Voraussetzung jener Weltveränderung darstellen. Nicht soll das durch Vorstellung politischer oder moralischer Programme geschehen, sondern indem durch die Dichtung die Imagination und Sensibilität des Lesers geschärft wird: Im "Preface" zu "Prometheus Unbound" heißt es:

> "... it is a mistake to suppose that I dedicate my poetical compositions solely to the direct enforcement of reform, or that I consider them in any degree as containing a reasoned system on the theory of human life. ... My purpose has hitherto been to familiarize the highly refined imagination of the more select classes of poetical readers with beautiful idealism of moral excellence, aware that until the mind can love, and admire, and trust, and hope, and indure, reasoned principles of moral conduct are seeds cast upon the highway of life...".[16]

Dabei war Shelley kein naiver Utopist. Er wußte, wie schwierig und langwierig das sein würde, was er anstrebte. Im Vorwort zu "The Revolt of Islam" sagt er:

> "Can he who the day before was a trampled slave, suddenly become liberal-minded, forebearing and independent? This is the consequence of ... long-suffering and long-believing courage, and the systematic efforts of generations of men of intellect and virtue".[17]

Doch begnügte sich Shelley nicht mit der Aufgabe, den Boden für die gute "Saat" vorzubereiten, es ging ihm auch um die "Saat" selbst, deren Inhalt ebenfalls vom Dichter bestimmt werden sollte: "Poets are the unacknowledged legislators of the world".[18] In der Antwort auf die Frage, wie der Dichter diese Aufgabe erfüllten könne, zeigt sich der Bruch, der Widerspruch, in Shelleys geistiger Position: Um nämlich die obengenannten Aufgaben erfüllen zu können - u.a. also, um die Religion um der Reform der Welt willen bekämpfen zu können - bedarf der Dichter - nach Shelleys Auffassung - andererseits gerade wieder der Religion, der Verbindung mit dem "Göttlichen", da hiervon sowohl seine dichterische Inspiration als auch der Inhalt dessen, was er der Welt vermittelt, abhängt: Der bekämpfte Feind ist gleichzeitig das notwendige Instrumentarium des Kampfes! Ebenfalls in "A Defense of Poetry" lesen wir:

> "A Poet participates in the eternal, the infinite, and the one", und ferner: "... poets are the teachers who draw into a certain propinquity with the beautiful and the true, that partial apprehension of the agencies of the invisible world which is called religion".[19]

Diese Äußerungen zeigen eine Anlehnung an Platons "Symposion", das ebenfalls von Shelley ins Englische übersetzt wurde. Bezüglich der Inspiration heißt es bei Shelley an einer anderen Stelle: "... for a poet is a thing aetherically light ... nor can he make poetry before he comes divinely inspired".[20]

Offenbar teilte Shelley den Dichtern die Rolle zu, die bei Platon den Philosophen und den "dämonischen Menschen" zukommt, nämlich die Vermittlung zwischen Göttern und Menschen zu übernehmen, also auch, den Menschen die Gebote der Götter mitzuteilen und zu interpretieren. In Platons "Symposion" hießt es wörtlich:

> "Was kann denn also Eros sein? fragte ich. Ein sterbliches Wesen? Nichts weniger als das! ... Wie vorhin, ein Mittelding ... zwischen Sterblich und Unsterblich. ... - das ganze Dämonenreich steht mitten zwischen Göttern und Sterblichen. Und was hat es für einen Wirkungskreis? - Den Göttern überbringen sie die Gebete und Opfer der Menschen und den Menschen die Gebote und Gnaden der Götter. ... und wer sich auf diese Dinge versteht, ist ein dämonischer Mann. Dämonen nun sind zahlreich und mannigfach, und einer unter ihnen ist eben der Eros. - Der Eros ist ja der Eros zum Schönen, woraus notwendig folgt, daß der Eros ein Philosoph ist."[21]

Darüber hinaus wünscht Shelley sich einen Zugang zur Religion zwecks Absicherung seiner Hoffnung auf Unsterblichkeit der menschlichen Seele, wie auch aus allgemein-menschlichen, gemüthaften Gründen:

> "If the Christian religion is false, I see not upon what foundation ... our hopes of immortality can rest" heißt es in "A Refutation of Deism".[22]

Und andererseits: In "A Refutation of Deism" ist auch von "cold and dreary Atheism" die Rede.[23] In einem Brief an Elizabeth Hitchener vom Juni 1811 schreibt Shelley:

> "To a belief in a Deity I have no objection on the score of feeling, I would gladly, perhaps with greater pleasure admit than doubt its existence ... God - this personification, beautiful in poetry, inadmissible in reasoning ... since I have devoted myself unreservedly to its [i.e. reason's] influencing, I have never felt happiness, I have rejected all fancy, all imagination".[24]

In einem früheren Brief an Elizabeth Hitchener (vom 12. Januar 1811) heißt es: "I wish, I ardently wish, to be profoundly convinced of the existence of a Deity".[25] A. Droop schreibt: "Die Bibel war eines der liebsten Bücher des 'Atheisten' Shelley".[26] (Er hatte sie mit 21 Jahren schon viermal gelesen).

Dieser dringende Wunsch Shelleys, einen Zugang zum Glauben zu finden, kann vielleicht gedeutet werden im Sinne der neuplatonischen "Epistrophe", als das der menschlichen Seele innewohnende Streben, zu ihrem Ausgangspunkt, zum "Einen", bzw. Gott, zurückzukehren - ein Streben, das auch im Christentum bekannt ist und sich z.B. in dem Augustinus-Wort äußert: "Nostrum cor inquietum est, donec requiescat in te, Domine".[27]

In diesem scharfen geistigen Zwiespalt, einerseits die Religion aufs schärfste abzulehnen, ja zu bekämpfen, andererseits aber ihrer dringend zu bedürfen und sich einen Zugang zu ihr zu wünschen - in diesem Zwiespalt spielt die Theodizeefrage für Shelley eine entscheidende Rolle insofern, als sie mit der zentralen Frage identisch ist, ob der Gottesbegriff in sich überhaupt ohne wesentlichen Widerspruch denkbar ist, d.h. ob die Existenz einer gütigen transzendenten Macht überhaupt angenommen werden kann, oder aber die Frage nach derselben notwendigerweise zu der Annahme hinführt, die Welt werde von einem bösen Dämon gelenkt.

In einem Brief an Hogg drückt Shelley sein Befremden über eine Person aus, die Gott nicht nur gute, sondern auch (moralisch) schlechte Eigenschaften zuschreibt und dennoch die Überzeugung von der Existenz eines solchen "Gottes" aufrechterhalte. Shelley schreibt:

> "Now here is a new kind of God for you! ... In practice, such a Deist as this is, as they told him, an Atheist; for he believes that the Creator is by no means perfect, but composed of good and evil, like man, producing that mixture of those principles which is evident everywhere.[28]

Demgemäß zeigt sich auch, daß in jener Phase, in der Shelley eher zu einer Rechtfertigung denn einer Anklage Gottes hinneigte (wie es sich in "Essay on Christianity" darstellt), er sich deutlich dem Christentum insgesamt annähert und auch seine Perspektive bezüglich des Sinns des Menschenlebens sich verändert. (Vgl. Kapitel I.7 dieser Arbeit).

Diese Polarisation der Einstellung zur Religion geht einher mit einer Polarisierung der geistigen Gefolgschaft, wobei der eine Pol durch Platon, der andere durch dessen geistige Antipoden David Hume repräsentiert wird. Zeitweise rezipiert Shelley auch den Empirismus Berkeleys, allerdings in "verkürzter" Form.

Man weiß, daß Shelley einige Werke Berkeleys im Original gelesen hat[29] - wenn auch nicht genau feststeht, welche - teilweise lernte er auch die Berkeleysche Philosophie, die im englischen Sprachbereich allgemein als "Intellectual Philosophy" bezeichnet wird, in der reduzierten Form kennen, in der William Drummond[30] sie rezipiert hatte:

Berkeley war - zumindest in seinen späten Schriften - das Kunststück gelungen, auf empiristischer Basis einen transzendenten Gott zu erschließen.[31] Drummond coupierte die Berkeleysche Philosophie aber genau um diesen Gott. Wenn Mary Shelley behauptet, "Shelley was a disciple of the Immaterial Philosophy of Berkeley",[32] so hat sie damit nur zum Teil recht: "He (Shelley) and Berkeley part irreconcilably, since Shelley denies a divine Mind independent of, and in any way transcendent to the human mind", schreibt Wasserman dazu.[33] (Vgl. auch Kapitel II.1.b der vorliegenden Arbeit).

Bereits während der Oxforder Studienzeit Shelleys bestand der Widerspruch der doppelten Gefolgschaft: Einerseits galt Shelley als "young Platonist", der sogar von einem zweijährigen Kind verlangte, es solle aus seinem "früheren Leben" erzählen, an das es sich doch erinnern müsse - so weit ging Shelleys Übezeugung von der Richtigkeit der Platonschen Prä-Existenz-Lehre - andererseits trat Shelley gleichsam als "zweiter Hume" auf, von dem man hätte glauben können, "die Seele Humes sei infolge von Seelenwanderung in Shelley eingegangen." In fast allen Diskussionen vertrat Shelley Humes Standpunkt unter Benutzung von Argumenten aus Humes "Essay", deren Text Shelley weitgehend auswendig kannte![34]

A. Droop gibt in seinem Werk über "Die Belesenheit Shelleys" an, Shelley sage in einem Brief, Platon und Calderon seien "seine Götter".[35] In einem anderen Brief schreibt Dr. Bryan K. Shelley, ein z.Zt. in den USA lebender Verwandter des Dichters, "Hume and Drummond were his patron-saints". Gewiß: Wer Platon zu seinem Gott und dessen Antipoden Hume zu seinem Schutzheiligen erwählt, zerreißt sich dadurch geistig selbst und wird in vielen Dingen zwei konträre Standpunkte vertreten.

Inwiefern kann man nun Hume und Platon als geistige "Antipoden" bezeichnen? Die beiden Philosophen vertreten ein durchweg gegensätzliches Welt- und Menschenbild:

Hume vertritt die Ansicht, daß der menschliche Geist quasi-mechanisch funktioniert, nach Gesetzen, die denen von Druck und Stoß völlig analog sind. Der Erkenntnisvorgang impliziert weder voluntative noch apriorische Elemente, keine Form des (inneren) "Schauens"; es gibt kein "Ich", das urteilt, sondern nur ein "Es", das - gleichsam passiv - erkennt. Alles und nur das, was durch die sinnliche Erfahrung erkennbar ist, ist wahr - ein Satz, dessen Wahrheit auf der Basis, die er postuliert (Sinneserkenntnis) selbst nicht verifizierbar ist. Da nichts über das sinnlich Erfahrbare hinaus erkennbar ist, gibt es keine Metaphysik; da das Prinzip der "Kausalität" nur eine Gewohnheitsregel darstellt, die der Erfahrung entspricht, bezüglich deren Gültigkeit es aber keine absolute Sicherheit gibt, können wir nicht einmal sicher sein, ob die Außenwelt, die uns erscheint, tatsächlich vorhanden ist, denn der Rückschluß vom Sinneseindruck auf dessen "Ursache" ist nicht mit Sicherheit möglich. Der Erkenntnisradius der Humeschen Philosophie ist somit außerordentlich gering, in Bezug auf gesicherte Tatsachenwahrheiten - d.h. sichere Erkenntnis der Außenwelt - ist dieser Erkenntnisradius gleich null.

Völlig konträr erscheint Platons Welt- und Menschenbild: Seiner Auffassung nach gibt es im menschlichen Geist durchaus apriorische Erkenntnismomente. Der Vorgang der Erkenntnis vollzieht sich nicht mechanisch, sondern mit Eros als Antriebskraft. Ideen sind geistige Realitäten, die raum-zeitliche Welt existiert durch Teilhabe an den Ideen; diese bilden eine Relationsstruktur, die durch den Vergleich mit der Gestalt einer Pyramide beschrieben werden kann: Alle Ideen hängen seinsmäßig von denen der jeweils höheren Schicht ab, werden in ihrem Sinn durch diese getragen und ermöglicht. Es gibt eine oberste Idee, die "Idee der Ideen", die in ihrem Sein von keiner anderen mehr abhängt - die Idee des Guten, die dem entspricht, was in der Religion mit dem Begriff "Gott" gemeint ist - im Sinne eines Monotheismus. Es ist dem menschlichen Geist möglich, die Ideen zu erkennen und mit Hilfe des Eros zur Erkenntnis der "Idee der Ideen" aufzusteigen.

Die beiden skizzierten Weltbilder implizieren auch, wie wir bereits sahen, konträre Antworten auf die Theodizeefrage. Indem sich Shelley nun geistig dem einen oder anderen dieser Weltbilder stärker zuneigt, übernimmt er auch die entprechende Einstellung dem Theodizeeproblem gegenüber: zeitweise Humes Ansicht, dann die Platons. (Vgl. Kapitel I.5 und I.7). Die Antwort, die Shelley auf die Theodizeefrage gibt, bedingt demnach einerseits weitreichende Stellungnahmen zur Religion im allgemeinen und zum Sinn des Menschenlebens; die Antwort auf die Theodizeefrage ist aber andererseits auch selbst bedingt: und zwar durch die - variable - Nähe Shelleys zu dem einen oder anderen seiner beiden antipodischen geistigen Führer: Platon und Hume.

Anzumerken ist, daß alles hier über Shelleys geistige Grundposition und deren Zusammenhang mit seiner Antwort auf die Theodizeefrage Gesagte sich auf die Zeit ab 1813-14 bezieht. Davor, in Shelleys Jugendzeit, liegen die Verhältnisse anders: Gemäß seiner Erziehung entsprach Shelleys religiöser Standpunkt weitgehend dem des Anglikanismus. Erst um das Jahr 1811, während der Oxforder Studienzeit, vollzieht sich eine schrittweise, aber doch rasche Abkehr vom Christentum - über den Deismus bis zum erklärten Atheismus.[36] Mr. Walter E. Peacock schreibt mit Bezug auf das Jahr 1811: "Shelley who had upheld the idea of God or an over-ruling Providence ... felt himself slipping from orthodoxy into belief in a First Cause".[37] Etwa gleichzeitig informierte Stockdale, Shelleys Verleger, in einem Brief an Shelleys Vater diesen darüber, daß Shelley sich von der Offenbarungsreligion abwende. Wenige Wochen danach erfolgte die Veröffentlichung des Pamphlets "The Necessity of Atheism", das nur die Unbeweisbarkeit der Existenz Gottes, noch keine Anklagen gegen Gott enthält (und das Höhne fälschlicherweise als einen Aufruf zum Klassenkampf deutet).[38] Diese finden sich dann zum erstenmal in der 1814 veröffentlichten Schrift "A Refutation of Deism". Entsprechend zeigen auch die Jugendwerke Shelleys (die vor 1811 entstanden) eine durchaus positive Einstellung des Dichters zum Theodizeeproblem. In der 1810 entstandenen Romanze "Zastrozzi" z.B. spricht Shelley von den "wonderful operations, the mysterious ways of Providence".[39]

Nach der Lösung vom Christentum wandte Shelley sich zunächst Hume zu, später findet nach einem Umweg über den Neoplatonismus

(Westwind, Adonais), dann Platonismus, wieder eine Annäherung an das Christentum statt.

Dabei ist festzustellen, daß die Frage nach Gott, speziell die Theodizeefrage, Shelley zeitlebens nicht losgelassen hat, daß er sich vielmehr selbst zu Zeiten, in denen er an Gottes Güte nicht nur zweifelte, sondern verzweifelte, vom Numinosen angerührt fühlte in dem Sinne, der in seinem "Mont Blanc"-Gedicht als "Ehrfurcht und Zweifel" zum Ausdruck kommt.

I.9 Das Theodizeeproblem aus heutiger Sicht gesehen

Es soll hier die Frage untersucht werden, wie die - geistigen - Fäden des Theodizeeproblems, die sich zu Shelleys Zeiten zu einem scheinbar unlösbaren Knoten zusammenzogen, in der Folgezeit verlaufen sind bzw. inwiefern dieser "Knoten" sich heute gelöst oder wenigstens gelockert hat, oder etwa in unveränderter Form weiterbesteht. Insbesondere soll der heutige Stand der Diskussion des Problems der Willensfreiheit beleuchtet werden, und zwar unter verschiedenen Gesichtspunkten: einerseits unter theologischem - speziell calvinistischem - Gesichtspunkt, zum anderen soll aber auch der heutige Stand der philosophischen Diskussion dieses Problems betrachtet werden unter besonderer Berücksichtigung des Beitrags der Physik, deren Aussagen ja seinerzeit die Wurzel für den genannten Determinismus gebildet hatten.

Das Theodizeeproblem wird heute oft entweder durch einen radikalen Optimismus oder durch einen ebensolchen Pessimismus gelöst. Der Optimismus nimmt die Übel dieser Welt nicht ernst, relativert sie als Bestandteile eines notwendigen Ganzen, wird aber damit dem infralapsarischen Zustand der Welt nicht gerecht. Der Pessimismus übersteigert die Übel im Sinne eines Dualismus oder einer völligen Ohnmächtigkeit Gottes in der Welt. Beide Standpunkte sind mit dem theistischen Gottesbegriff nicht vereinbar. Es soll hier versucht werden, das Theodizeeproblem aus heutiger christlicher Sicht, d.h. auf der Basis des Theismus, zu beleuchten:

Die akute Problematik, die in dieser Hinsicht zu Shelleys Zeiten vorhanden war (vgl. Kapitel I.3 dieser Arbeit) ist heute weitgehend entschärft. Dennoch ist - auch auf der Basis des Theismus - das Theodizeeproblem mit ratinonalen Mitteln nicht völlig lösbar; eine gewisse Aporie bleibt bei allen Lösungsversuchen gleichsam als "Bodensatz" zurück, die nur durch die Hoffnung (im christlichen Sinne) erträglich ist:

Die Existenz der menschlichen Freiheit und Verantwortlichkeit wird heute nicht mehr im gleichen Maße wie zu Shelleys Zeiten als fraglich oder gar unmöglich angesehen: Sowohl von der Philosophie als auch von der Theologie her gibt es genügend Ansätze zur Sicherung der menschlichen Willensfreiheit:

Die philosophische Aufarbeitung des Problems der Willensfreiheit begann im deutschen Idealismus: Als ein Beispiel sei Kant genannt, der den Menschen als "empirisches Wesen" zwar der Kausaldetermination unterworfen sah (im Gegensatz zu Hume nahm Kant das Vorhandensein einer Kausalrelation als apriorische Kategorie an), als "intelligibles Wesen" (d.h. als mit Intelligenz und Willen ausgestattetes Wesen) ihn aber der "intelligiblen Freiheit" für fähig hielt, d.h. der Freiheit und der Möglichkeit, Kausalketten neu zu beginnen.[1]

In seinem Aufsatz über "Idealismus und Theodizee" formuliert Odo Marquard seine Replik auf die Kritik, die heute von der Theologie am deutschen Idealismus geübt wird wegen dessen übersteigertem Freiheits- und Autonomiebegriff und der damit verbundenen Auflehnung gegen Gott durch Leugnung der Geschöpflichkeit des Menschen: Marquard weist darauf hin, daß durch eben dieses Autonomiedenken gleichzeitig auch ein positiver Beitrag zur Lösung des Theodizeeproblems gegeben ist insofern, als in dem Maße, in dem der Mensch sich für autonom erklärt, Gott bezüglich des Vorwurfs, der angesichts der Übel der Welt gegen ihn erhoben werden könnte, entlastet ist. Bezüglich der Autonomie-Position schreibt Marquard:

> "Die besondere Art der Idealismuskritik, die spätestens seit Ende des ersten Weltkriegs entstand und die bis heute erstaunlich unbehelligt herrscht, ist - das wurde gesagt - theologisch inspiriert. So muß jede Auseinandersetzung mit ihr, ob sie es will oder nicht, in die Nähe theologischer Fragen geraten. Eine derartige Auseinandersetzung war hier beabsichtigt. Sie hat es sich - im Unterschied fast zur gesamten Gegenwartsphilosophie - erlaubt, das Theodizeeproblem für eine ernsthafte Frage zu halten. Und für sie ist - im Gegensatz zur genannten Idealismuskritik - die idealistische Autonomie-Position statt schlimm nur die vielleicht einzig aussichtsreiche Form der Theodizee. Sollte in dieser These Atheismus stecken: dann allenfalls ein methodischer Atheismus ad maiorem gloriam Dei."[2]

Ein anderer Versuch, das Problem der menschlichen Willensfreiheit zu lösen, liegt in unserer Zeit bei Nicolai Hartmann vor, der durch sein Konzept der "Schichtenontologie" die menschliche Freiheit zu sichern versucht: Es gibt verschiedene "Schichten" des Seins, in deren "höchster" der Mensch existiert und die in verschiedenem Ausmaß determiniert bzw. der Freiheit fähig sind: Die höchste Schicht, zu der der Mensch gehört, ist am geringsten determiniert, in ihr findet ein erhebliches Maß an Handlungsfreiheit statt.[3] Ähnliches hatte ja auch Augustinus gelehrt (vgl. Kapitel I.1 dieser Arbeit).

Alle diese Lösungsversuche werden aber, soweit sie mit dem Ziel, die menschliche Willensfreiheit zu sichern, unternommen werden, überflüssig, sofern man den grundlegenden Wandel beachtet, der in unseren Tagen von dem Bereich her verursacht wurde, von dem seinerzeit die Grundlage für den philosophischen Standpunkt des Determinsmus geliefert wurde: von der Physik. Die Ergebnisse der heutigen Quantenphysik entziehen jenem philosophischen Determinismus die Basis, der sich auf die Hypothese von der durchgängigen Determiniertheit des Geschehens im Bereich der Mechanik der unbelebten Körper - also auf die Ergebnisse Newtons - stützte, und zwar durch den Aufweis der Tatsache, daß diese Determiniertheit auch im Bereich der unbelebten Körper nicht vorhanden ist, mit anderen Worten: die Ergebnisse Newtons als überholt - streng gesprochen: falsch - anzusehen sind.

Nicola Abbagnano (Universität Turin) schreibt dazu in seinem Aufsatz über "Wissenschaft und Freiheit - Möglichkeit als Grundlage der Wissenschaft":

> "Die Entwicklung der Atomphysik, in der die Quantenmechanik Fuß faßte, hat bekanntlich in der Physik die Berücksichtigung von Rechen- und Meßvorgängen noch unumgänglicher gemacht. Sie hat in der Tat gezeigt, daß die Beobachtung subatomarer Vorgänge das Phänomen selbst in unvorhersehbarer Weise modifiziert. Die zur Beobachtung selbst benötigte Energie, so etwa das Licht, kann nicht unter eine gewisse minimale Größe (das Quantum) sinken, das jedoch bereits genügt, um das beobachtete Phänomen zu verändern. Daraus folgt, daß jede Beobachtung, die die Position einer subatomaren Partikel bestimmen will, deren Geschwindigkeit verändert, und umgekehrt ... Es ist demnach nicht möglich, sowohl Geschwindigkeit als auch Position irgendeiner Partikel zu bestimmen ... . Das sagt die von Heisenberg 1927 aufgestellt Unschärferelation. Folge dieses Prinzips ist, daß über das zukünftige Verhalten einer atomaren, der Beobachtung ausgesetzten Partikel nur wahrscheinliche, niemals aber sichere Voraussagen gemacht werden können. Nun war aber die Notwendigkeit der Naturgesetze, von der die Physik des 19. Jahrhunderts gesprochen hatte, gerade durch

die Möglichkeit definiert, unfehlbare Voraussagen treffen zu können. Bei dem Astronomen Laplace heißt es an einer berühmten Stelle, die für die Wissenschaft des ganzen Jahrhunderts kennzeichnend ist, daß 'eine Intelligenz, die zu einem gegebenen Augenblick alle die Natur bewegenden Kräfte und die jeweilige Lage der sie bildenden Seienden erkennen könnte, und die darüber hinaus so umfassend wäre, daß sie diese Data rechnerisch erfassen könnte, daß eine solche Intelligenz mit eben dieser Formel die Bewegungen der größten Körper des Universums wie auch des leichtesten Atoms umfassen würde: nichts wäre für eine solche Intelligenz ungewiß, und Zukunft und Vergangenheit stünden gleichermaßen vor ihrem Auge'. - Die Quantenphysik hat dieses Ideal als ein falsches durchschaubar werden lassen. Die unfehlbare Voraussehbarkeit von allem und jedem ist nicht möglich; nicht etwa, weil die dem Menschen zur Verfügung stehenden Mittel der Beobachtung und der rechnerischen Erfassung unvollkommen wären, sondern weil eben diese Mittel in einer nicht voraussehbaren Weise die von ihnen erfaßten Fakten beeinflussen".[4]

Diese Ausführungen besagen, daß der Determinismus, der die Basis für die Leugnung der Willensfreiheit darstellte, als falsch erwiesen bzw. wissenschaftlich überholt ist, und zwar prinzipiell, nicht etwa als Folge nicht ausreichender experimenteller oder rechnerischer Methoden. Es ist also absolut auszuschließen, daß die hierdurch entstandene Unbestimmtheit des Geschehens durch Verbesserung jener Methoden (etwa Verbesserung der Rechenmethoden durch Weiterentwicklung der Computer-Technik!), wieder aufgehoben, d.h. eine Rückkehr zum Determinismus stattfinden würde.

Heisenberg, der Entdecker der Unschärferelation, schrieb selbst zu diesem Thema:

"An der scharfen Formulierung des Kausalgesetzes 'Wenn wir die Gegenwart genau kennen, können wir die Zukunft berechnen' ist nicht der Nachsatz, sondern die Voraussetzung falsch. Wir können die Gegenwart in allen Bestimmungsstücken *prinzipiell nicht kennenlernen* (Hervorhebung durch Heisenberg selbst). Deshalb ist alles Wahrnehmen eine Auswahl aus einer Fülle von Möglichkeiten und eine Beschränkung des zukünftig Möglichen. ... Weil alle physikalischen Experimente den Gesetzen der Quantenmechanik ... unterworfen sind, so wird durch die Quantenmechanik *die Ungültigkeit des Kausalgesetzes definitiv festgestellt*"[5] (Hervorhebung wie oben).

Eduard Dreher schreibt in seinem Buch über "Willensfreiheit":

"Das prinzipielle Ende des Determinismus ist das eine umwälzende Ergebnis dieser neuen Physik. ... Das Ende des Determinismus räumt eine Barriere weg, die es Philosophen wie Kant und noch Nicolai Hartmann ungeheuer schwierig machte, die Möglichkeit von Willensfreiheit oder diese selbst zu bejahen, und andererseits einen Hauptgrund für Philosophen wie Schopenhauer abgab, Willensfreiheit schlechterdings zu verneinen. Diese Barriere, nämlich die Überzeugung vom durchgehenden Walten eines alles determinierenden Kausalgesetzes, ist gefallen".[6]

Bei Aloys Wenzel bildet die Freiheit ein metaphysisches Prinzip, das alle Seinsbereiche durchzieht, doch auf je spezifisch veränderte Art je nach der Stufe des Seinsbereichs: Die Heisenbergsche Unschärferelation sichert nur einen Freiheitsspielraum im Bereich der unbelebten Materie. Die sittliche Wahlfreiheit des Menschen steht für Wenzel auch unabhängig davon fest, da das sittliche Selbstbewußtsein klar dafür spreche: "Die menschliche Willensfreiheit wäre auch bei einem Determinismus des Naturgeschehens zu vertreten."[7]

Auch von der Theologie her fand eine Aufarbeitung des Problems der menschlichen Freiheit und Verantwortlichkeit statt.

In England dauerte der Streit um die Willensfreiheitsfrage noch bis in die erste Hälfte unseres Jahrhunderts an. Diese Diskussion fand einen gewissen Abschluß durch die Erklärung der Weltkirchenkonferenz von Edingburgh (1937), in der es heißt:

"Wir glauben nicht, daß das Handeln der göttlichen Gnade die menschliche Freiheit und Verantwortlichkeit außer Kraft setzt. Wir Menschen schulden unsere ganze Rettung Gottes gnädigem Willen. Doch ist es andererseits der Wille Gottes, daß der Mensch sich diese Gnade durch eigenen Willen tätig aneignen und für diese Entscheidung verantwortlich bleiben soll".[8]

Entsprechend heißt es in dem 1922 erstellten Bericht einer Anglikanischen Glaubenskommission:

"The operation of grace is not opposed to the freedom of the human will, since grace acts through the will and not externally to it."[9]

E. Dreher sieht hier eine Aporie: einen Widerspruch zwischen der Aussage, daß wir alles Gottes Willen verdanken, es andererseits aber dennoch auf unseren Willen ankomme.[10] Rein rational ist diese Aporie wohl auch nicht auflösbar, wohl aber unter Benutzung der Mittel und der Denkweise der Offenbarungstheologie, wie dies in unseren Tagen Paul Jacobs versucht. In seinem Buch "Prädestination und Verantwortlichkeit in der Lehre Calvins" schreibt er, man müsse das Zusammenwirken von göttlichem und menschlichem Willen als ein Geheimnis deuten analog dem Wirken Gottes in der Eucharistie, wo die Wirkungsweise der göttlichen Gnade rational auch nicht voll erfaßbar sei, dennoch von den Gläubigen als Realität akzeptiert werde. Nach diesem Modell finde auch das Zusammenwirken von göttlichem und menschlichem Willen eine Erklärung.[11]

Im Bereich der katholischen Theologie war die Existenz der menschlichen Willensfreiheit nie in Frage gestellt (vgl. Kapitel I.6). Aber auch hier ist das Zusammenwirken des göttlichen und menschlichen Willens, das durch den Begriff des "concursus" beschrieben wird, rational nicht voll durchschaubar.

Auch hier - in der katholischen Theologie - erhebt sich die Frage, wie die Existenz der menschlichen Willensfreiheit mit Gottes Allmacht vereinbart werden kann, und auch hier wird die Möglichkeit verneint, diese Frage mit rationalen Mitteln ausreichend zu beantworten.[12] Der Unterschied zur Lehre Calvins besteht offenbar darin, daß man in der katholischen Theologie die Schwierigkeit eindeutig auf die Seite Gottes, nicht die des Menschen verlagert hat: Man geht von der Existenz der menschlichen Willensfreiheit aus und fragt dann, wie deren Gewährung auf Seiten Gottes mit dessen Allmacht vereint werden könne. Im umgekehrten Fall ging Calvin offenbar von der durchgängig wirkenden Allmacht Gottes als einer Gegebenheit aus, und es bestand dann das Problem, auf Seiten des Menschen einen Spielraum für dessen Verantwortlichkeit zu definieren - was zu den Denkschwierigkeiten führte, die in Kapitel I.3 dieser Arbeit erläutert wurden.

Dabei belastet es den Menschen - offensichtlich und selbstverständlich - stärker, die Widersprüchlichkeit auf menschlicher Ebene, d.h. ein Nebeneinander von (vermeintlicher) Unfreiheit des Willens und Verantwortlichkeit für das Handeln hinnehmen zu müssen, als sich des Gegensatzes bewußt zu sein, der in Gott besteht zwischen Allmacht und Gewährung der menschlichen Willensfreiheit, da Gott schon immer gedacht wurde als jenseits aller Gegensätze stehend (z.B. auch jenseits des Gegensatzes von Gerechtigkeit und Barmherzigkeit), da er als das absolut Eine angesehen wurde, in dem alle Gegensätze - etwa im Sinne der Cusanischen

Coincidentia oppositorum - zusammenfallen und dessen wahres Wesen von unserer Begrifflichkeit nicht adäquat beschrieben werden kann (negative Theologie).

Wegen der logischen Schwierigkeiten, die mit dem Theodizeeproblem verbunden sind, scheidet die als "Analytische Philosophie" bekannte Richtung der gegenwärtigen Angelsächsischen Philosophie das Theodizeeproblem wie alle metaphysischen Probleme aus dem Bereich der Philosphie aus - hierin offenbar Hume folgend.[13]

Ist durch die Absicherung der menschlichen Willensfreiheit die Antwort der Bibel auf die Frage nach der Ursache des Übels abgesichert, so bleibt dennoch die Frage nach der Zulassung desselben zunächst unbeantwortet bestehen: Warum ließ ein allweiser und allgütiger Gott es zu, daß die Menschen einen Fehltritt mit derart katastrophalen Folgen begingen? Hätte er es nicht verhindern können bzw. müssen?

In unseren Tagen haben Antony Flew und J. L. Mackie postuliert, Gott habe die Menschennatur und die menschliche Umgebung so schaffen sollen, daß die Menschen trotz ihrer Freiheit nichts Falsches getan hätten. Nelson Pike und Alwin Plantinga wiesen dies zurück mit dem Hinweis, daß dies dem menschlichen Begriff von echter Freiheit widerspreche.[14]

Auch der Begriff der "Hölle" wird heute in der christlichen Theologie völlig anders verstanden, als dies z.B. zu Shelleys Zeiten der Fall war: Die entsprechenden Stellen der Bibel werden rein kerygmatisch gedeutet als Hinweis auf die Möglichkeit einer endgültigen Verfehlung des Menschen. Sie geben aber keine Sachinformation über das Jenseits. Eine wörtliche, doch analogiefreie Deutung des Begriffs der Hölle wird vom Standpunkt der heutigen Theologie aus als "unerträglich" empfunden.[15]

Eine Rechtfertigung Gottes wird auch heute noch gelegentlich versucht auf der Basis der Behauptung, Gott habe die Welt nicht besser machen können, als sie tatsächlich ist, da die vorhandene Welt schon die bestmögliche sei, oder aber, da Gott nicht allmächtig, sondern nur sehr mächtig sei. Die erste Begründung wurde schon von Leibniz und vor ihm von Abaelard und Cusanus versucht (vgl. Kapitel I.1). Dieser Ansatz muß aber von philosophischer wie theologischer Seite als falsch zurückgewiesen werden, da die Welt sich als unabschließbar verbesserbar darstellt.[16]

Daß Gott zwar mächtig, aber nicht allmächtig sei, versucht u.a. Erich Becher in seiner "Einführung in die Philosophie" zu belegen.[17] Diese Hypothese aber widerspricht in eindeutiger Weise dem biblischen Gottesbegriff.

Als Rechtfertigung für die Zulassung des (moralischen wie physischen) Übels durch Gott wird heute - im Anschluß an Augustinus (vgl. Kapitel I.1) - durchgängig die erbarmende Liebe Gottes zitiert, seine Absicht, sein Erbarmen walten zu lassen und alles Geschehen zum Guten zu wenden. Als Modell gilt dabei die Parabel vom "verlorenen Sohn" als Darstellung des Menschen, für den sich die Erfahrung seines eigenen Scheiterns und seiner Hilflosigkeit mit der Erfahrung der übermächtigen Liebe des Vaters und seiner eigenen Dankbarkeit hierfür verbindet.

In diesem Sinne stellt Robert Spaemann in unseren Tagen die Erfahrung der Kontingenz und die Haltung der Dankbarkeit gegenüber Gott als den eigentlichen Sinn und die Erfüllung des menschlichen Lebens dar. Zu dieser Erfahrung bzw. Haltung aber verhelfe dem Menschen das Leiden. In seinem Aufsatz: "Die christliche Sicht des Leidens" heißt es bei Spaemann u.a.:

> "Die christliche Lehre vom Sinn des Leidens hemmt deshalb keine Aktivität, keine politische Reform, keine medizinische Verbesserung. Aber sie lehrt das Verhalten zu dem, was gegen unseren Willen und unsere Bemühung geschieht, sie lehrt, die Wirklichkeit auch noch dort zu bejahen, und Gott auch dort noch zu danken, wo wir scheitern. Eucharistie, Danksagung ist die letzte Sinnerfüllung allen menschlichen Lebens."[18]

Eine ähnliche, ebenfalls auf der Basis des Glaubens beruhende existentielle Antwort auf die Theodizeefrage erteilt Paul Tillich durch den Hinweis auf den Glauben an die Vorsehung Gottes, an die Erlösung durch Christus, die heilende Kraft der Gegenwart des göttlichen Geistes und auf die Symbole des Reiches Gottes und des ewigen Lebens.[19]

Gerade in und nach dem zweiten Weltkrieg wurde - in Anbetracht des Leidens und Sterbens durch Kriegshandlungen sowie speziell der Ereignisse des "Holocaust" - die Theodizeefrage wieder besonders aktuell. Dorothee Sölle äußert dazu (vgl. S. 1 der vorliegenden Arbeit):

> "Wie man nach Auschwitz den Gott loben soll, der alles so herrlich regieret, das weiß ich nicht!".[20]

Auch Dichter haben sich - speziell in und nach jener Zeit - wieder in besonderem Maße der Theodizeefrage angenommen und sie zu lösen versucht auf der Basis christlicher Hoffnung. So beschreibt z.B. Rudolf Hagelstange in einem seiner Gedichte die Hoffnung des Menschen auf eine jenseitige Sinnerfüllung seines Lebens:

"Und keiner ...
der nicht die Hoffnung mit ins Schweigen nahm.
Die Hoffnung, daß der irdischen Bedrängnis
ein großer Wille Ziel und Stunde weist
und daß das bitterste Verhängnis
sich kehrt zu göttlicher Empfängnis.
Am Ende aber steht der Geist."[21]

Bei T. S. Eliot heißt es am Schluß der "Four Quartets" (entstanden 1941) mit der Flamme als Symbol für Leid und Verdammnis; der Rose als Zeichen der Erlösung und des Paradieses:

"And all shall be well,
and all manner of thing shall be well,
when the tongues of flame are infolded
into the crowned knot of fire,
and the fire and the rose
are one".[22]

II. Das Theodizeeproblem in Shelleys Dichtung

1. Mont Blanc

a. Einführung

Im folgenden soll der Einfluß untersucht werden, den Shelleys Stellungnahme zum Theodizeeproblem auf die Thematik und den Aussagegehalt seiner Dichtung hatte, und zwar - exemplarisch - an Hand der drei Gedichte "Mont Blanc", "Prometheus Unbound" und "The Triumph of Life".

Bereits in dem sehr frühen - 1816 entstandenen - Gedicht "Mont Blanc" zeigt sich der entscheidende Einfluß der negativen Antwort Shelleys auf die Theodizeefrage, der u.a. deutlich erkennbar ist an dem eklatanten Gegensatz des Shelleyschen Gedichtes zu Coleridges - ebenfalls die Betrachtung des Mont Blanc thematisierendem - Gedicht "Hymn Before Sunrise": Während dieses zu einer positiven, gläubigen Haltung des Dichters gegenüber der hinter der Natur stehenden Macht hinführt, sieht Shelley - auf Grund seiner negativen Einstellung zur Theodizeefrage - in dieser Macht eine ob ihrer Größe zwar Ehrfurcht gebietende, dennoch nicht zu einer gläubigen Haltung Anlaß gebende, weil auf die Verwirklichung des Übels und des Schrecklichen ausgerichtete Kraft: Shelleys Gedicht führt ihn zu "ehrfürchtigem Zweifel" ("awful doubt"). Hierin unterscheidet sich Shelley auch von Wordsworth (der in seinem "Prelude" angesichts der Betrachtung der Alpen zu einer ähnlichen Haltung wie Coleridge gelangt) sowie von den meisten anderen Dichtern der Romantik.

b. Der inhaltliche Rahmen des Gedichts

Am 23. Juli 1816 steht Shelley im Tal von Chamouni. Die Gedanken und Empfindungen, die der Anblick der Arve-Schlucht und des Mont Blanc in ihm hervorrufen, legt er in dem Gedicht "Mont Blanc" nieder.

Bereits im ersten der fünf Teile des Gedichtes ist der Akkord, auf den das Gedicht eingestimmt ist, die Situation und Problematik, um die es dabei geht, wenn auch implizit - gleichsam in einer Knospe verschlossen - so doch deutlich dargestellt: "The everlasting universe of things flows through the mind, and rolls its rapid waves ..." heißt es in Zeilen 1 und 2. Damit ist einerseits angedeutet, daß Shelley sich einem reißenden Strom gegenüber sieht. Andererseits ist die erkenntnistheoretische Grundlage, auf der seine Wahrnehmung und Überlegung sich vollzieht, deutlich gemacht: Wenn die Dinge "durch seinen Geist fließen", dann kann das nur heißen, daß der Unterschied zwischen "innen" und "außen" aufgehoben ist: Das Gedicht "Mont Blanc" wurde geschrieben in einer Phase, in der Shelley den Standpunkt der sogenannten "intellectual philosophy" vertrat: eine Abwandlung der Philosophie Berkeleys. (Vgl. Kapitel I.8 dieser Arbeit).

Berkeley hatte trotz seiner empiristischen Basis versucht, einen transzendenten Gott zu erschließen. In Weiterführung der Lockeschen Philosophie gibt es für Berkeley zunächst überhaupt keine transsensuale Realität mehr. Das Sein fällt zusammen mit dem Vorgestelltwerden, "mind" und "matter" sind dasselbe (esse est percipi; nothing exists but as it is perceived). Die Gesamtheit dieser Vorstellungen nennt Berkeley "One Mind", sie fällt zusammen mit dem Universum. Nun gibt es aber Vorstellungen, die sich unserer subjektiven Willkür entziehen, die eine Struktur aufweisen, über die wir nicht verfügen können. Daher müssen sie verursacht sein von einem geistigen Wesen außerhalb unserer selbst, das damit zugleich Ursache unseres Denkens wie des Universums ist. Dieses Wesen nennt Berkeley Gott.

Wenn Mary Shelley behauptet: "Shelley was a disciple of the Immaterial Philosophy of Berkeley"[1] so hat sie damit insofern zugleich recht wie unrecht, als Shelley die Berkeleysche Philosophie zwar übernahm, sie aber gleichzeitig coupierte, und zwar genau um - Gott! (Vgl. Kapitel I, 8 dieser Arbeit)

Durch diese Leugnung nun gerät Shelley in ein Dilemma, wenn er mit der Frage nach der Verursachung eines Sinneseindrucks konfrontiert wird, von dem zunächst feststeht, daß kein Mensch (individual mind) ihn verursacht haben kann, wie z.B. der Anblick eines imposanten Berges von der Art des Mont Blanc. Hier sucht er eine Ursache für die Existenz des Universums unter dem Eindruck der imposanten Landschaft, die er vor sich sieht. Die Erschließung und Kommentierung dieser "Ursache" stellt den Inhalt des Gedichts "Mont Blanc" dar.

"... the purpose of the poem in an ascent by means of ... illusionary realities to a transcendent apprehension ..." schreibt E. Wasserman in Bezug auf dieses Gedicht.[2]

Wie dieser Aufstieg ("ascent") aussieht, erfahren wir in Teil II des Gedichtes: Der Dichter verfällt in eine Art Trancezustand ("trance sublime", Zeile 35), wobei zu beachten ist, daß die Trance als subnormaler Zustand - im Gegensatz zum supranormalen Zustand der Ekstase - keine Berührung oder Mitteilung durch die Transzendenz beinhaltet, sondern vielmehr rein immanent als Bedingung des menschlichen Geistes zu verstehen ist. In diesem Zustand gelingt dem Dichter ein Aufstieg zu der von ihm gesuchten Macht auf eine Art, die dem Höhlengleichnis aus Platons "Staat" nachgebildet ist: In der Höhle der "Fee Poesie" ("cave of the witch Poesy", Zeile 44) sucht und findet er den "Schatten" des Arve-Flusses, der ihm ein Abbild der von ihm gesuchten Macht darstellt. ("Power in the likeness of Arve", Zeile 16). Mit Hilfe einer mehrstufigen Abbild-Urbild-Relation wird dann die Gegenwart der "Macht" ("Power") selbst "erschlossen". Der Vorgang, der für den Empiristen Shelley nicht bei "normalem", sondern nur bei "subnormalem" Bewußtseinszustand möglich ist, endet und gipfelt in dem Ausruf, der sich auf diese Macht bezieht: "thou art there" (Zeile 49) bzw. "the power is there" (Zeile 127).

Eine gewisse Unsicherheit besteht bezüglich der ontologischen Natur der erkannten Macht: Während Earl Wasserman ausdrücklich betont, daß es sich um eine transzendente Macht ("transcendent power")[3] handele, die in der Außenwelt erkannt werde und vorhanden sei, spricht H. Bloom von einer "inneren Macht" ("inward power"), deren "äußere Formen" ("outer forms") die Außenwelt darstelle.[4]

Mit "inward" meint Bloom offenkundig "dem Menschengeist innewohnend". Dies ergibt sich u.a. aus Blooms Interpretation derjenigen Gedichtzeilen, die den erwähnten "Aufstieg" beschreiben (41 - 48):

"One legion of wild thoughts whose wandering wings
Now float above thy darkness, and now rest

Where that or thou art no unbidden guest,
In the still cave of the witch Poesy,
Seeking among the shadows that pass by
Ghosts of all things that are, some shade of thee,
Some phantom, some faint image, till the breast
From which they fled recalls them, thou art there!"

Bloom interpretiert die letzte dieser Zeilen in dem Sinne, daß die Gedanken des Menschen jene "Macht" nirgendwo haben finden können, ins Innere des Menschengeistes zurückgerufen werden, und dann diese Macht dort - im Menschengeist und *nur* in diesem - finden.[5]

Entsprechend findet sich auch in der Übersetzung in der von Höhne editierten Ausgabe - unter Einführung des Wortes "denn" -: "Bis dann die Brust, aus der sie flohn in Hast / Sie zu sich ruft: denn dort bist du!"[6] Es wird hier die Zweideutigkeit des Wortes "there" benutzt als "dort" und "da".

Die Bloomsche Interpretation jener Macht wäre höchstens im Sinne eines subjektiven Idealismus (Fichte) zu deuten, der weder zum philosophischen Gesamtrahmen des Gedichtes paßt noch auch zu der Aussage des Gedichtes, die die Anwesenheit jener Macht in der Außenwelt (bzw. auf dem Gipfel des Berges) ausdrücklich feststellt und auch ihre Unzugänglichkeit für den Menschengeist betont (dem sie folglich nicht völlig inhärent sein kann): "Mont Blanc yet gleams on high - the power is there" (Zeile 127) bzw. "Power dwells apart in its tranquillity / Remote, serene, and inaccessible" (Zeilen 96/97). Damit ist Wassermans Deutung im Sinne der Transzendenz bestätigt.

Am Ende des Gedichts erfolgt allerdings dann der Zusammenbruch, die Rücknahme der soeben gewonnenen Erkenntnis: Wurde vorher - beim "Aufstieg" - Gebrauch gemacht von der eingangs gelegten Grundlage der "intellectual philosophy", d.h. der Tatsache, daß nicht unterschieden werden muß zwischen Bewußtseinsinhalten und der Außenwelt, und deshalb von den Bewußtseinsinhalten auch auf die Außenwelt geschlossen werden kann, so führt genau diese Voraussetzung zum Kollaps des vorher Aufgebauten: Alles Erkannte - einschließlich der "power" - wird als abhängig vom menschlichen Geist erklärt. "The secret Strength of things ... inhabits thee" heißt es von dem Berg Mont Blanc (Zeilen 139 - 141); dann aber, zum Schluß: "And what were thou, and earth, and stars, and sea / If to the human mind's imaginings / Silence and solitude were vacancy?" heißt es in Zeilen 142 - 144. Wasserman sieht hier einen "skeptischen Zweifel" ("sceptical incertitude"): "The apprehension of the eternal power came about through an imagining, a dream, a trance, that also may be only illusionary".[7] Noch stärker: "This last question is a dramatic reversal of the conclusion to which the whole poem has been tending" schreibt Peter Butter in "Shelley's Idols of the Cave".[8]

Harold Bloom bestreitet diese Interpretation der zitierten Gedichtzeilen, indem er behauptet, Shelleys "what were thou ..." bedeute lediglich eine Infragestellung des Berges Mont Blanc als eines Erkenntnismediums: Ohne die Aktivität des menschlichen Geistes könne die Anwesenheit der hinter der Natur stehenden Macht ("power") auf Grund des Anblickes und der Eigenschaften des Berges nicht erschlossen werden; es werde aber die Existenz des Berges bzw. der Außenwelt (und damit der erkannten Macht) nicht in Frage gestellt oder als vom Menschengeist abhängig dargestellt.[9]

Blooms Standpunkt wird jedoch widerlegt durch eine Äußerung Shelleys des Inhaltes, daß jene göttliche Macht nicht nur vom Geist des Menschen abhängig, sondern sogar damit identisch sei, auf jeden Fall aber nicht außerhalb des menschlichen Geistes und unabhängig davon existiere: In einem Brief an Peacock vom 22. Juli 1816[10] schreibt Shelley mit Bezug auf das Mont-Blanc-Erlebnis:

> "All was so much our own as if we had been the creators of such impressions in the minds of others, as now occupied our own".

Wasserman kommentiert diese Äußerung Shelleys wie folgt:

> "(Shelley experienced the scene) as if he were Berkeley's God and the scene were that God's idea, rather than the idea as communicated to the human mind".[11]

Zwischendurch - in Teil III und IV des Mont-Blanc-Gedichtes - werden die Eigenschaften der erschlossenen "Macht" beschrieben: erhaben einerseits; jedoch auch destruktiv (Teil III) und ohne Anteilnahme am Schicksal von Mensch und Kreatur (Teil IV).

c. Die Tradition des "Sublimen"

Shelleys Unterfangen, angesichts einer beeindruckenden, großartigen Landschaft die hinter der Natur stehende Macht bewußt zu machen, ist nicht neu, sondern fügt sich in eine - auch in England vorhandene - lange Tradition ein: Solche großartigen, den Menschen besonders beeindruckenden Landschaften, die dem Menschen spontan - gefühlsmäßig - die Existenz derjenigen Macht ins Bewußtsein rufen, welche diese Landschaften erschaffen hat - wurden von alters her als "sublime" bezeichnet.

Die "Theorie des Sublimen" beruht auf dem Platonischen Urbild-Abbild-Prinzip (vgl. Höhlengleichnis) und versucht, dieses nicht rational, sondern emotional zu erfassen. Ihr spezifischer Inhalt besteht darin, gewisse Leistungen des menschlichen Geistes, speziell menschlicher Sprache, ebenso wie gewisse landschaftliche Gebilde emotional als "Abbilder" Gottes (im platonischen Sinne) zu erfassen, so daß der Mensch sich angesichts dieser Gebilde, die als "sublime" bezeichnet werden, durch das entsprechende emotionale Erlebnis in eine gewisse Nähe zum Göttlichen bzw. zu Gott versetzt fühlt. So ist es zu verstehen, daß in dem Begriff "sublime" auch stets der Begriff "awful" im Sinne von "awe-ful", d.h. "awe-inspiring" (ehrfurchtgebietend) mitschwingt bzw. mitgemeint ist.

Wie vom Inhalt dieser Theorie her zu vermuten ist, wurde diese von Platonikern, d.h. Anhängern der platonischen Philosophie aufgestellt und ausgearbeitet. In ihren Anfängen dürfte sie auf den Augustinus-Schüler Longinus zurückgehen, der in seiner Schrift "De Sublimo" die Grundlage dieser Theorie legte. Dabei wurde der Begriff "sublimus" dem gängigen theologischen Vokabular jener Zeit entnommen, speziell dem Vokabular des Augustinus, der diesen Begriff zur Bezeichnung eines spezifischen Attributs Gottes benutzte. In "De doct. christ." z.B. spricht er von Gott als "id quo nihil melius atque sublimius est".[1]

Longinus' Schrift wurde 1652 zum erstenmal ins Englische übersetzt, aber erst ab 1730 durch Boileaus erneute Übersetzung populär, wodurch auch der Begriff "Sublime" im englischen Sprachraum etabliert wurde. Schon vor dem Erscheinen jener Boileauschen Übersetzung aber gab es in England Schriften der sogenannten "Cambridge Platonists" ähnlichen Inhalts, die allerdings bis dahin wenig Popularität erlangt hatten. Während

Longinus das "Sublime" vorwiegend in Gebilden der menschlichen Sprache sieht, beschreibt Thomas Burnett, einer jener "Cambridge Platonists", in seiner 1690 erschienenen Schrift "The Sacred Theory of the Earth" das Sublime vorwiegend als in landschaftlichen Gebilden dargestellt.

Im Laufe der Zeit wurde es üblich, Listen gewisser landschaftlicher Elemente, die den Charakter des Sublimen tragen, aufzustellen. Addison nennt in diesem Zusammenhang: "Mountains, high Rocks and Precipes; or a wide Expanse of Waters".[2] Dugald Stewart nennt (1810) in seinem Essay "On the Sublime": "the sublime effect of rocks and cataracts; of huge ridges and mountains; of vast and gloomy forests; of immense and impetuous rivers; of the boundless ocean".[3]

Ursprünglich eine theologische Spekulation, wurde die Theorie des Sublimen im Laufe der Zeit auch zu einem ästhetischen Begriff der Romantiker. Droop erbringt einen Beleg dafür, daß Shelley überhaupt ein Werk von Longinus rezipiert hat, ob es "De Sublimo" war, weiß man nicht.[4] Es gibt zwar keinen Beleg dafür, daß Shelley ein englischsprachiges Werk über die "Theorie des Sublimen" direkt gelesen hat, es steht jedoch fest, daß er Buffons "La Théorie de la Terre" kannte, worin auf Burnetts obenerwähntes Werk "The Sacred Theory of the Earth" verwiesen wird.[5] In Shelleys Gedicht "Mont Blanc" erkennt man eine deutliche Anwendung dieser Theorie (vgl. Kapitel II.1.d dieser Arbeit), und in allen Texten unterscheidet er sorgfältig zwischen der Bezeichnung "beautiful", die er den tiefer gelegenen, weniger steilen Hängen der Alpen beilegt, und der Bezeichnung "sublime", die er den höheren Gipfeln vorbehält.[6]

In ihrem Buch "Shelley and the Sublime" schreibt A. Leighton bezüglich des Sublimen:

> "As an aesthetic of the limitless, the terrible, the grandiose, the sublime continues to point beyond the visible distances of nature to the invisible presence or power which they manifest".[7]

In dieser Formulierung fällt die Verwandtschaft auf zwischen dem so definierten "Sublimen" und dem, was Rudolf Otto in seinem Buch "Das Heilige" als das "Numinose" bezeichnet, das dem Menschen mit den beiden Komponenten des "tremendum" und "fascinans" als Ausdruck des Göttlichen entgegentritt.[8] In diesem Begriffspaar liegt eine direkte Parallele zu dem im obigen Zitat der A. Leighton auftretenden Begriffspaar "the terrible" und "the grandiose". Auch lesen wir bei R. Otto, daß u.a. "Großsteinblöcke" Ausdruck des Numinosen seien.[9] Ferner: Angesichts des Numinosen überkomme den Menschen ein "Kreaturgefühl", nämlich: "das Gefühl der Kreatur, die in ihrem eigenen Nichts versinkt gegenüber dem, was über aller Kreatur ist".[10]

Diese offenkundige Verwandtschaft zwischen der Theorie des Sublimen und Rudolf Ottos Theorie des Numinosen erklärt sich weitgehend aus dem Umstand, daß ebenso wie die "Theorie des Sublimen" auch diejenige des Numinosen auf dem Gefühl des Menschen aufgebaut ist, womit Rudolf Otto in der Nachfolge Schleiermachers steht.

d. Shelleys Reaktion auf das Sublime: Ehrfurcht und Zweifel

Shelleys Mont-Blanc-Gedicht stellt eindeutig eine Schilderung der Begegnung mit dem "Sublimen" dar. Dugald Stewart nannte in seinem Essay "On the Sublime" u.a. "the sublime effect of rocks and cataracts, of huge ridges and mountains, of immense and impetuous rivers". (Vgl. S. 104 dieser Arbeit). Von "rocks" und "cataracts" ist speziell in den Zeilen 12 - 34 des Gedichtes die Rede, wo der Wasserfall der Arve beschrieben wird, von "huge mountains" in Zeilen 60 ff, wo der Mont Blanc direkt betrachtet wird, und der "immense and impetuous river" wird in Zeile 123 als "majestic River" vorgestellt. Shelley ist sich des "sublimen" Charakters der von ihm beschriebenen Landschaft sehr wohl bewußt. In Zeile 15 beschreibt er diese Landschaft als "awful scene", wobei "aweful" im Sinne von "awe-inspiring" eine Bedeutungskomponente von "sublime" darstellt, also etwa mit "erhaben" oder "ehrfurchtgebietend", nicht aber als "furchtbar" oder "schlimm" übersetzt werden kann, wie auch aus dem Gebrauch dieses Begriffs in anderen Gedichten Shelleys hervorgeht: In "Hymn to Intellectual Beauty" z.B. wird dieser Begriff (in Zeile 71) im Zusammenhang mit "loveliness" gebraucht: Mit Bezug auf die "geistige Schönheit" heißt es: "O awful loveliness". In dem Gedicht "Mont Blanc" tritt der Begriff "awful" dann (in Zeile 77) noch einmal auf im Zusammenhang mit "doubt": "awful doubt" heißt es hier.[1]

In der von H. Höhne herausgegebenen Auswahl Shelleyscher Gedichte ist die Wiedergabe des Begriffs "awful" in den deutschen Übersetzungen nicht immer gelungen. Die Angemessenheit der Wiedergabe variiert vielmehr von Gedicht zu Gedicht. Während in R. Erbs Übersetzung von "Hymn to Intellectual Beauty" der Begriff "awful" durchweg mit "erhaben" sinnvoll wiedergegeben wurde,[2] ist diese Bedeutungskomponente aus K. H. Bergers Übersetzung von "Mont Blanc" bedauerlicherweise völlig herausgefallen: Hier wird "awful" fälschlicherweise mit "schlimm" übersetzt bzw. - wo diese Übersetzung zu ganz offenkundiger Absurdität führen würde - überhaupt nicht übersetzt, indem der entsprechende Passus bei der Übersetzung einfach ausgelassen wird: In Zeile 77 ist "awful doubt" als "schlimmer Zweifel" übersetzt;[3] Shelleys Ausruf "awful scene" (Zeile 15) ist in der Übersetzung einfach ausgelassen;[4] denn da es im Zusammenhang mit dieser Landschaft zwei Zeilen früher heißt: "Du Tal der Farbenfülle", konnte man das nämliche Tal unmittelbar danach nicht apostrophieren als "schlimme Landschaft".

Die Bewußtseinslage, in der Shelley sich der Existenz jener überweltlichen Macht, deren Bild jene Landschaft ist, gewiß wird, beschreibt er als "sublime" (Zeile 35). Diese Macht selbst, die symbolisch mit dem Gipfel des Mont Blanc verbunden ist, bezeichnet Shelley im Gedicht als "remote, serene, and inaccessible" (Zeile 97). In einem früheren Manuskript hieß es an dieser Stelle "sublime" anstatt "serene".[5]

Was ist nun für Shelley das Ergebnis dieser Begegnung mit dem "Sublimen"? "The wilderness has a msyterious tongue / Which teaches awful doubt, or faith so mild / So solemn, so serene ..." heißt es in Zeilen 76 - 78. Auf Grund der bisherigen Ausführungen steht es fest, daß die zweite der beiden Alternativen - faith so mild - hier für Shelley nicht zutrifft: Stellt doch der Schluß des Gedichtes das durch die Imagination gewonnene Ergebnis jenes "Aufstiegs" - die Erkenntnis der hinter der Natur stehenden Macht - wieder völlig in Frage - ja, negiert es sogar. Eine Eintragung im Gästebuch einer Pension von Montanvert, - einige Kilometer von Chamouni entfernt - bestätigt diese Interpretation: Hier trug sich Shelley am 25. Juli 1816, also zwei Tage nach Fertigstellung seines Mont-Blanc-Gedichtes, als ἄθεος , d.h. als "Atheist" ein.[6]

Hingegen wird die Haltung Shelleys, die sich für ihn aus der Begegnung mit dem Sublimen am Mont Blanc ergibt, durch den Ausdruck "awful doubt" - "ehrfürchtiger Zweifel"; besser: "Ehrfurcht und Zweifel" - recht zutreffend bezeichnet. Die Empfindung der Ehrfurcht - "awe" - wurde bereits ausführlich erläutert (siehe oben).

Der Zweifel - "doubt" - indessen kommt nicht nur am Ende des Gedichtes zum Ausdruck: Es handelt sich dabei um einen ernsthaften Zweifel nicht nur an der Existenz, sondern auch an der Güte Gottes. Sehr deutlich kommt dies im III. und IV. Teil des Gedichtes zum Ausdruck. In Teil III (Zeilen 62 - 75) wird zunächst das Schreckliche und Erschreckende geschildert, das der Dichter in der Umgebung des Mont Blanc sieht: "How hideously / Its shapes are heaped around: rude, bare, high / Ghastly, and scarred and riven" (Zeilen 69 - 71). Diese Landschaft könne dadurch entstanden sein, daß ein Erdbeben-Dämon seine Kinder in Zerstörung unterrichtet habe, meint Shelley. Auch bezeichnet er dieses Gebiet als eine Wüste, in der es kein Lebewesen gebe außer dem Adler, der das Gebein eines Jägers in seinen Horst trage und dabei seinerseits von einem Wolf gejagt werde. Dies bedeutet: Shelley sieht in dieser Landschaft einerseits das Werk - und Abbild - einer dämonischen destruktiven Macht; andererseits den Schauplatz noch immer sich vollziehenden Tötens und Getötetwerdens.

An diese Aspekte knüpft Shelley dann in Teil IV an und verbindet sie miteinander: Er benennt die ungünstigen Bedingungen, unter denen der Mensch und alle Lebewesen zu leben haben: Blitz, Regen, Erdbeben, Flut, Sturm, Dürre und Hitze - und bezeichnet diese sarkastisch als die Eigenschaften einer großartig konstruierten Erde ("daedal earth" - Zeile 86 - wobei "daedal" auf die "großartige" Konstruktion des Daedalus Bezug nimmt - welche sich allerdings als tödlich erwies.). Unter den genannten Bedingungen sei das Leben von Mensch und Kreatur mühe- und qualvoll - ein Geborenwerden und Sterben: "All things that move and breath with toil and sound / Are born and die ..." (Zeilen 94/95). All dies berühre die hinter der Welt stehende Macht (d.h. Gott) nicht: Sie sei fern, ungerührt, sich selbst genügend, unzugänglich: Unmittelbar im Anschluß an die Schilderung des mühevollen Lebens von Mensch und Kreatur heißt es - unvermittelt: "Power dwells apart in tranquillity / Remote, serene, and inaccessible ..." (Zeilen 96/97).

Diese Sicht von Gott und Welt: der Spott über eine vermeintlich großartig geschaffene Welt, die in Wahrheit destruktiv und chaotisch ist; sowie das Bild eines Schöpfers, der diese - schlechte - Welt geschaffen und sie dann - wie ein aufgezogenes Uhrwerk - sich selbst überläßt, wiederholt genau die in dem Shelley bestens vertrauten Roman "Tristram Shandy" zum Ausdruck gebrachte Sicht des Deismus, der von negativer Antwort auf die Theodizeefrage sowie von Spott durchsetzt ist. (Vgl. Kapitel I.3 dieser Arbeit).

Was hier in dem Gedicht selbst zum Ausdruck kommt, wiederholt Shelley noch einmal mit drastischer Deutlichkeit in einem Brief an seinen Freund Peacock, in dem er sich auf sein Mont-Blanc-Erlebnis bezieht und Gott sogar mit "Ahriman", dem bösen Prinzip der dualistischen persischen Religion vergleicht:

> "Do you, who assert the supremacy of Ahriman, imagine him throned among these desolating snows, among these palaces of death and frost, so sculptured in this their terrible magnificence by the adamantine hand of necessity, and that he casts around him, as the first essay of his final usurpation, avalanches, torrents, rocks, and thunders, and above all these deadly glaciers, at once the proof and symbols of his reign; - add to this, the degradation of the human species - who, in these regions, are half deformed or idiotic, and most of whom are deprived of anything that can excite interest or admiration. This is part of the subject more mournful and less sublime; but such as neither the poet nor the philosopher should disdain to regard."[7]

Shelley sieht das "Sublime", hier also von stark negativen Aspekten durchsetzt, was seiner negativen Antwort auf die Theodizeefrage entspricht.

e. Kontrast zu Coleridges "Hymn Before Sunrise"

Inwieweit das, was Shelley in der Landschaft des Mont Blanc zu sehen und zu erkennen glaubt, durch seine subjektiven geistig-seelischen Bedingungen bestimmt und gefärbt ist, zeigt sich mit drastischer Deutlichkeit beim Vergleich des Shelleyschen Mont-Blanc-Gedichtes mit einem entsprechenden Gedicht Coleridges, das dieser - ebenfalls als Darstellung der Gedanken und Empfindungen, die der Anblick des Mont Blanc in ihm hervorruft - im Jahre 1802 unter dem Titel "Hymn Before Sunrise" verfaßte. Obgleich mit Sicherheit anzunehmen ist, daß Shelley Coleridges Gedicht kannte, weist sein eigenes Mont-Blanc-Gedicht jedoch keinerlei Ähnlichkeit mit diesem auf, steht vielmehr in scharfem Kontrast dazu.[1]

Coleridge sieht die oben erwähnten negativen Aspekte, die Shelley betont, in der Landschaft um den Mont Blanc nicht, er schildert diese Landschaft bzw. diesen Berg ausschließlich unter positiven Vorzeichen: Er bezeichnet den Mont Blanc als "kingly Spirit throned among the hills"; als "Earth's rosy star", geschmückt mit "living flowers of loveliest blue"; umgeben von Pinienwäldern mit "weichem, gemütvollem Klang" ("soft and soul-like sounds"). Wörtlich heißt es am Schluß des Gedichtes:

"Thou kingly Spirit throned among the hills,
Thou dread ambassador from Earth to Heaven,
Great Hierarch! Tell thou the silent sky,
And tell the stars, and tell the rising sun
Earth, with her thousand voices, praises God".[2]

Anders als bei Shelley, endet Coleridges Gedicht mit einer vollen Anerkennung und einem Lob Gottes.

"We can begin categorizing the 'Hymn Before Sunrise' then, as a Coleridgean analogy of religion which passes from an initial, rather deistic apprehension of the mountain into a Hebraic identification of the mountain with its Creator, the Jehovah ..." stellt H. Bloom fest.[3]

Entsprechend charakterisiert Coleridge selbst in einer Einleitung zu seinem Gedicht in der Zeitschrift "The Morning Post" vom 11. September 1802, in der dieses Gedicht zuerst erschien, seine Hymne als "Hymn in the Manner of the Psalms"; weiter heißt es dort - mit Coleridges eigenen Worten: "Who would be, who could be, an atheist in this valley of wonders?" - in diametralem Gegensatz zu Shelleys Äußerung, der sich unmittelbar nach Fertigstellung seines Gedichtes selbst als "Atheist" bezeichnete.

Selbst Goethe, der sicherlich nicht durchweg als bibeltreuer Christ bezeichnet werden kann, fühlt sich beim Anblick eines imposanten Berges (des "Brockens" im Harz) zu einer biblisch orientierten Anerkennung Gottes veranlaßt, die er in die Worte eines Psalms faßt: "Was ist der Mensch, daß du an ihn denkst, des Menschen Kind, daß du dich seiner annimmst?" (Ps. 8, 5)[4]

Eine Betrachtungsweise der Natur, die der "Theorie des Sublimen" entspricht, dürfte im Zuge der Romantik weit verbreitet gewesen sein, und zwar nicht ausschließlich im englischen Sprachraum, sondern auch mit aller Deutlichkeit in der deutschen Literatur. So erinnern z.B. die sogenannten "Herzensergießungen eines kunstliebenden Klosterbruders" des Wilhelm Heinrich von Wackenroder (1773 - 1798) stellenweise direkt an das oben erwähnte Zitat von Dugald Stewart. Bei Wackenroder heißt es u.a.:

> "Seit meiner frühen Jugend her, da ich den Gott der Menschen zuerst aus den uralten heiligen Büchern unserer Religion kennen lernte, war mir die Natur immer das gründlichste und deutlichste Erklärungsbuch über sein Wesen und seine Eigenschaften. Das Säuseln in den Wipfeln des Waldes, und das Rollen des Donners, haben mir geheimnisvolle Dinge von ihm erzählet, die ich in Worten nicht aufsetzen kann. Ein schönes Tal, von abenteuerlichen Felsengestalten umschlossen, oder ein glatter Fluß, worin gebeugte Bäume sich spiegeln, oder eine heitere grüne Wiese von dem blauen Himmel beschienen, - auch diese Dinge haben in meinem inneren Gemüte mehr wunderbare Regungen zuwege gebracht, haben meinen Geist von der Allmacht und Allgüte Gottes inniger erfüllt, und meine ganze Seele weit mehr gereinigt und erhoben, als es je die Sprache der Worte vermag. Sie ist, dünkt mich ein allzu irdisches und grobes Werkzeug, um das Unkörperliche wie das Körperliche, damit zu handhaben."[5]

Kennzeichnend für diese Betrachtungsweise der Natur, wie sie der Theorie des Sublimen entspricht und bei den Romantikern verbreitet ist, ist die Tatsache, daß aus der Natur nicht nur auf die Größe und Allmacht, sondern auch auf die Güte Gottes geschlossen wird. In dieser Hinsicht nimmt Shelley - zumindest im Rahmen der Romantik - eine deutliche Ausnahme- bzw. Außenseiterposition ein, indem er aus gewissen Naturerscheinungen eher auf einen dämonischen, destruktiven Charakter als auf die Güte der hinter der Natur stehenden Macht schließt.

Wo Heinrich von Wackenroder z.B. "das Rollen des Donners" und "abenteuerliche Felsengestalten" als Belege nicht nur für die "Allmacht", sondern auch die "Allgüte Gottes" ansieht (siehe oben), zieht Shelley den umgekehrten Schluß: In dem auf Seite 102 / 103 dieser Arbeit zitierten Brief an Peacock nennt Shelley "rocks, and thunders" als Beweise ("proofs") der Herrschaft eines bösen Prinzips (Ahrimans). Entsprechendes zeigt der Gegensatz zwischen Shelleys und Coleridges Mont-Blanc-Gedicht: Der Anblick der nämlichen Landschaft ruft bei den beiden Dichtern völlig gegensätzliche Empfindungen und Gedanken hervor.

> "... impressions of physical phenomena reach the human mind through the senses, but at the same time the mind alters these impressions, and colors them individually" schreibt H. Bloom.[6]

Shelleys Natureindrücke sind durch verschiedene Faktoren "getönt": zum einen durch die Tatsache, daß er nicht - wie die meisten Romantiker - in seinen Werken das zum Ausdruck bringt, was dem Gefühl bzw. Gemüt entspricht, sondern weitgehend rationale bzw. kognitive Elemente eingehen (wie z.B. in "Mont Blanc" die Ausführungen bezüglich der "intellectual philosophy" bzw. des Platonschen Höhlengleichnisses). Hierdurch werden ursprüngliche Empfindungen gefiltert, gebrochen, eventuell erstickt. Dieser geistige Habitus Shelleys entspricht seinem noch in der Aufklärung verhafteten Glaubensbegriff (der in Teil I dieser Arbeit erläutert wurde). Hinzu kommt bei Shelley sein Skeptizismus, der teils in seinem Naturell, teils aber auch durch den Einfluß Humes bedingt sein mag. Entscheidend aber dürfte für seine Betrachtungsweise der Natur seine negative Antwort auf die Theodizeefrage sein, die jedes einzelne Naturerlebnis durch eine vorgefaßte Meinung, eine vorgängig vorhandene Grundeinstellung beeinflußt bzw. "färbt" - um es mit den Worten Blooms auszudrücken.

Eine entsprechende Erscheinung findet sich in England um die Mitte des 19. Jahrhunderts in größerem Ausmaß: Seitdem durch die Entwicklungslehre Darwins auf breiter Ebene die Überzeugung geschwunden war, hinter der Natur stehe ein weiser und guter Schöpfer, dessen Plan ("design") in der Natur erkennbar sei, veränderte sich die Landschaftsdarstellung in Wort und Bild drastisch.

Alpine Szenen zeigen nicht mehr den Charakter des Sublimen, sondern stellen gemütlose Studien geologischer Fakten dar. Auch Darstellungen des Meeres bzw. der Küsten verändern deutlich ihren Charakter.

Hilary Fraser schreibt hierzu in seinem Aufsatz "Science, Religion and the Pre-Raphaelites":[7]

> "Further illustration of this crisis in landscape representation may be found in the changing portrayal of the seashore in the same period. As the 'wonders of the shore' had furnished powerful evidence of God's creative hand to devout pre-evolutionary naturalists such as Charles Kingsley and Philip Gosse, so for post-evolutionary poets and painters the seashore functioned as a disturbing metaphor for their sense of emotional, spiritual and cosmological isolation".

Das Auge des Menschen "sieht" offenbar nur das, was Herz und Verstand ihm zeigen!

II. 2. Prometheus Unbound

a. Einführung

In dem Gedicht "Prometheus Unbound" wird die Theodizeefrage explizit thematisiert. Zudem zeigt sich der Einfluß, den die negative Antwort Shelleys auf die Theodizeefrage auf den Aussagegehalt des Gedichtes hat, wieder sehr deutlich durch Vergleich des vorliegenden Gedichtes mit einem anderen Gedicht ähnlichen Inhaltes, in diesem Falle mit Southeys "Curse of Kehama", an das sich "Prometheus Unbound" verbal wie inhaltlich eng anlehnt - mit dem entscheidenden Unterschied, daß Shelley in "Prometheus Unbound" den Aussagegehalt des Southeyschen Gedichtes - der eine volle Anerkennung und Rechtfertigung Gottes impliziert - genau umkehrt, indem er die Rollen von Gott und Teufel, Gut und Böse gegeneinander vertauscht.[1] Durch diese Verteufelung Gottes steigert sich Shelleys Anklage gegen Gott und das Christentum zu einem nicht mehr zu überbietenden Extrem: Während in "Mont Blanc" Shelleys negative Anwort auf die Theodizeefrage nur zu "ehrfürchtigem Zweifel" an der Güte und der Existenz Gottes führte, wird hier - in "Prometheus Unbound" - Gott explizit als "fürchterlicher Tyrann" und als "Teufel" apostrophiert.

Diese Verschärfung der Ablehnung des Christentums gegenüber "Mont Blanc" mag u.a. biographische Gründe haben: Die Verbitterung über die Ablehnung, die Shelley ganz allgemein in England erfuhr, speziell aber über den Beschluß des Lord Chancellors, Shelley das Sorgerecht für seine beiden Kinder aus erster Ehe zu entziehen mit der Begründung, seine Anschauungen seien zu atheistisch. Sowohl Mary Shelley als auch Shelleys Biograph Medwin berichten, Shelley habe die Empörung über diesen Beschluß in gesteigerte Empörung über das Christentum umgesetzt, die auch in seinen Dichtungen zum Ausdruck komme.[2] W. Sharp schreibt: "The act of deprivation drove the poet to utter despair, who finished by attacking religion itself, instead of the Chancellor".[3] Diese Umwälzung der Anklage von Christen auf Gott, d.h. Gott für die Fehler der Christen verantwortlich zu machen, entspricht dem Standpunkt

Shelleys, den er in "A Refutation of Deism" schon geäußert hatte. (Vgl. Kapitel I.4 dieser Arbeit).

So kommt denn Shelleys Verbitterung über das, was ihm von "Christen" angetan wurde, in seinem Gedicht "Prometheus Unbound" voll zum Audruck.

b. Der inhaltliche Rahmen des Gedichtes

Zu Beginn des Versdramas erscheint Prometheus an einen eisigen Felsen des Kaukasus gekettet. In einer längeren Erklärung seiner Geliebten Asia wird der Grund seines Leidens dargestellt: Nachdem der Mensch zunächst in paradiesischen Zuständen gelebt hatte, überschüttete ihn Jupiter, der die Geschicke dieser Welt lenkt, mit Übeln und Plagen verschiedenster Art, so daß die Menschennatur verbittert wurde und dadurch auch die moralischen Übel dieser Welt entstanden.

Prometheus ergriff Partei für die Menschen und erleichterte ihre Lage, indem er ihnen Sprache und Wissen gab. Für diese Tat bestrafte Jupiter ihn, der seinerseits Jupiter verflucht und ihm den Kampf ansagt. Vergeblich fleht Prometheus die Stimmen der Berge, der Quellen und der Luft an, seinen Fluch gegen Jupiter zu wiederholen. Als es ihm schließlich gelingt, aus dem Reich der Schatten das "Phantom" Jupiters herbeizurufen und zur Wiederholung jener Worte zu bewegen, lauscht Prometheus fast ungläubig und widerruft: Er hat das Prinzip des Hasses und der Vergeltung aufgegeben, Vergebung und Liebe bestimmen von jetzt ab sein Denken und Handeln. Gleichzeitig weiß er jedoch, daß Jupiter vom Gesetz der Notwendigkeit enttrohnt werden wird. Im Chor der Naturgeister wird ihm die Vollendung seines Strebens nach Befreiung der Menschheit prophezeit. Indessen harrt in einem idyllischen Tal des Kaukasus Asia der endgültigen Vereinigung mit Prometheus. Ein Traum zeigt ihr die Apotheose des Titanen.

Demogorgon, der sich als "mighty darkness" in einer unterirdischen Höhle befindet, verkörpert das apersonale, wertfreie Prinzip der Notwendigkeit, welches die Veränderungen des Weltzustandes bewirkt, ist jedoch seinerseits wiederum einer höheren Kausalität unterworfen: Er kann erst dann handeln, wenn der personale Willensträger einen Schritt auf die Vollkommenheit zu oder von dieser weg getan hat. Diese Bedingung ist durch die Tat des Prometheus erfüllt.

Gemeinsam mit dem "Spirit of the Hour" stürzt Demogorgon den sich selbst verherrlichenden Jupiter vom Thron, was einer Befreiung des Menschengeschlechts entspricht:

"The loathsome mask has fallen, the man remains
Sceptreless, free, uncircumscribed, but man
Equal, unclassed, tribeless and nationless ...
Nor yet exempt, though ruling them like slaves
From chance, and death, and mutability".

(Akt III, Szene I, Zeilen 193 - 201).

Diese Befreiung der Menschheit wird analog der biblischen Apokalypse dargestellt, allerdings ohne Eingreifen Gottes. Prometheus wird von Herkules befreit und zieht sich mit Asia in eine Waldeshöhle zurück, wo er sich an dem veränderten Zustand des Menschengeschlechts erfreut.

Akt IV löst sich deutlich vom traditionellen Mythos ab, er steht eher in der Tradition des elisabethanischen Maskenspiels: Die Elementarwesen und die Geister der Stunden vereinigen sich zu Tanz, Gesang und chorischen Dialogen, um das Erlösungswerk zu feiern. Dabei wird auch das Erscheinen eines "Kindes" beschrieben, das der Erscheinung des Menschensohnes in Offb. 1, 13 - 16 entspricht. Der entscheidende Unterschied besteht jedoch darin, daß bei Shelley die Figur, die der Gestalt Christi im biblischen Text entspricht, im Vergleich zu diesem Text blasphemisch entstellt ist: eine Menschengestalt, die gleichzeitig Vogel ist - mit Flügeln und Federn versehen - nicht - wie im biblischen Text - Licht, sondern vielmehr Dunkelheit ("darkness") verbreitend. (Vgl. Kapitel II.2.f dieser Arbeit).

c. Entlastung des Schöpfers - Anklage gegen Gott als Welterhalter

Im Sinne des romantischen Mythenverständnisses, das im Mythos den Ausdruck der Grundwahrheiten über Wesen und Bestimmung des Menschen sah, benutzt Shelley für seine Dichtung "Prometheus" den antiken

Mythos, den er gemäß seiner eigenen Überzeugung umgestaltet und ergänzt.

Insbesondere wird Shelleys individuelles Gottesbild sowie seine Vorstellung von der Relation zwischen Gott und Mensch bzw. den Möglichkeiten des Menschen deutlich: In Akt II, Szene IV bringen Asias Worte (Zeilen 30 ff) Shelleys Kosmogonie zum Ausdruck, die eine gewisse Analogie zu derjenigen von Genesis 1-3 aufweist, sich andererseits von dieser jedoch durch entscheidende Unterschiede und Inversionen abhebt. Insbesondere erinnern Shelleys Worte: "There was Heaven and Earth at first / And Light und Love" (Zeilen 34, 35) an Genesis 1, 1 und 3: "In the beginning God created the heaven and the earth ... and there was light". Die Welt sei von "Almighty God" geschaffen worden, und zwar zunächst gut, d.h. der Urzustand wird als paradiesartig beschrieben mit "Light and Love" und "the calm joy of flowers and living leaves". Durch den Neid des Saturn seien gewisse Geistwesen ebenfalls neidisch geworden. Einem davon - Jupiter - habe Prometheus die Herrschaft über die Welt übertragen, worauf dieser seinen Auftrag dann in welt- und menschenschädigender Weise mißbraucht habe, indem er den Menschen der Reihe nach Hunger, Mühsal ("toil"), Krankheit, Krieg, Wunden und Tod auferlegt und schließlich die "Schutz- und Obdachlosen" durch Einführung von Frost und Hitze in Berghöhlen getrieben habe. Die Verzeiflung und Unruhe dieser Menschen nun nimmt Shelley als Ausgangsbasis, als Nährboden für die bösen Wünsche und Gedanken, die Jupiter dann - als sie bereits in einer verzweifelten Lage waren - in ihre Herzen gesandt habe. Dadurch entstand das moralische Übel.

Der Vergleich mit Genesis 1 - 3 zeigt eine doppelte Inversion bezüglich der Entwicklung des Übels: Laut Genesis trat zuerst das moralische Übel auf und zog dann - gleichsam als Strafe - das physische Übel nach sich. Nach Shelleys Darstellung ist die Kausalrelation umgekehrt: Zuerst trat das physische Übel auf und zog dann - durch die Rückwirkungen auf die Psyche der gequälten Menschen - das moralische Übel nach sich. In der Darstellung von Genesis wird das Übel primär durch den Menschen verursacht, der Gott gegenüber schuldig wird. Umgekehrt verursacht - laut Shelley - Gott jegliches Übel und wird dadurch dem Menschen gegenüber schuldig. Shelley beschimpft denn auch diesen Gott entsprechend: Als "Foul Tyrant both of Gods and Human-kind" wird er in Akt I, Zeile 264 bezeichnet.

Wer ist nun dieser Gott "Jupiter"? Die Identität mit Jehova, dem Gott des Alten Testaments, ist unverkennbar: Dies ergibt sich schon aus der Analogie des angezogenen Shelley-Textes zu Genesis 1 - 3. Auch gewisse Bezeichnungen bzw. Beschreibungen dieses "Jupiter"-Gottes legen dies nahe: In Akt III (Szene I, Zeile 10), heißt es, Jupiters Herrschaft sei auf die alte Furcht vor der "Hölle" gestützt. In Szene IV, Zeile 136 wird dann durch Zitat der Überschrift über dem Eingang von Dantes "Inferno" sichergestellt, daß es sich in dem Gedicht tatsächlich um den biblischen Begriff der Hölle handelt - ebenso wie in Dantes Text, aus dem zitiert wird: "... inscribed, as o'er the gate of hell, 'All hope abandon ye who enter here'". Auch die Bemerkung (in der gleichen Szene, Zeile 166), mit Jupiter seien auch gleichzeitig "tiaras" verschwunden, deutet in dieselbe Richtung. Auch H. Viebrock bestätigt in seinem Aufsatz mit dem Titel "Wer ist Demogorgon?" die Identität Jupiters mit dem Gott der Bibel:

> "Die Hochbewertung des Prometheus und Umwertung des Jupiters, der oft als klassische Metapher für die höchste christliche Gottheit verstanden werden muß, vom allmächtigen Herrscher zum Tyrannen war der Ausdruck der Auflehnung des sich auf die Menschenrechte berufenden Menschen gegen alle Formen der Unterdrückung".[1]

Allerdings ist diese Identifikation nicht im eigentlichen, vollständigen Sinne zu verstehen: Jupiter wird offenbar nicht mit Gott als Schöpfer, sondern nur als Welterhalter identifiziert: Es wurde bereits erwähnt, daß gemäß Shelleys Text Jupiter auf eine vorher gut geschaffene Welt im negativen Sinne einwirkt und ihre Bedingungen (physische wie moralische) zum schlechten hin verändert und gestaltet. "Who made the living world?" heißt es in Akt II, Szene IV (Zeile 7), und die Antwort lautet: "God". Ebenso (in den folgenden Zeilen): "Who made all that it contains? Thought, passion, reason, will, imagination?" - Antwort: "God: Allmighty God". Aber dann (Zeile 19): "And who made terror, madness, crime, remorse ...?" - "He reigns". Dann wird (Zeile 24) auf die Frage: "Who reigns?" expliziert, daß dies Jupiter mit seinem bösartigen Regiment sei.

Hier ist eine Abweichung Shelleys von seinem in "A Refutation of Deism" vertretenen Standpunkt festzustellen (ebenso von Humes Standpunkt, dem Shelley zunächst folgte; vgl. Kapitel I.4 sowie I.5 dieser Arbeit), demzufolge die Schuld für die Übel dieser Welt dem Schöpfer anzulasten sei. Der Grund für diese Abweichung mag in der Tatsache zu sehen sein, daß Shelley sich durch die Annahme, die Übel der Welt seien bereits mit der Schöpfung gegeben, selbst den Weg verstellte (bzw. verstellt hätte - falls er bei dieser Annahme geblieben wäre) zu dem Ziel, das er mit aller Intensität und Kraft erstrebte: die Verbesserung der Welt durch den Menschen, speziell mit Hilfe seiner Dichtung (vgl. hierzu Kapitel I.8 dieser Arbeit). Denn wenn das Übel der Schöpfung prinzipiell inhärent, wenn es nicht nur durch den derzeitigen faktischen Weltzustand bzw. gewisse veränderbare Fakten bedingt ist, dann ist es auch nicht ausschaltbar durch menschliche Bemühungen, dann ist der Mensch nicht beliebig "perfectible", was Shelley aber annahm (vgl. wiederum Kapitel I.8). Mary Shelley schreibt hierzu in einem kurzen Kommentar zu "Prometheus Unbound":

> "The prominent feature of Shelley's theory of the destiny of the human species was that evil is not inherent in the system of the creation, but an accident that might be expelled. This also forms a portion of Christianity: God made earth and man perfect, till he, by his fall 'Brought death into the world and all our woe'. Shelley believed that mankind had only to will that there should be no evil, and there would be none."[2]

Daß Shelley in "Mont Blanc" die Trennung von Schöpfer und Erhalter noch nicht vornahm, mag daran liegen, daß seine Reformideen zum Zeitpunkt der Entstehung dieses Gedichtes noch nicht weit genug ausgereift waren, denn in jenem Jahre (1816) beendete er erst die Lektüre von Godwins "Political Justice".[3] Durch die Zeichnung des Welterhalters als bösartigen Willkürgottes - genauer also: eines Dämons - und dessen Trennung von einem als gut angenommenen Schöpfer ist der Ansatz für einen totalen Zerfall des Gottesbegriffs gegeben: Da Prometheus als Helfer und Wohltäter der Menschheit, gleichzeitig aber als Sohn Jupiters vorgestellt wird, kann er demnach dann nur als Kontrahent seines Vaters, nicht aber in geistiger Einheit mit ihm ("Ich und der Vater sind eins", Joh. 10, 30) dargestellt werden.

Auch wird durch die Zeichnung Jupiters als eines Willkürgottes der Zusammenfall von Freiheit und Notwendigkeit in Gott nicht mehr ohne Absurdität denkbar, wodurch Shelley sich zur Konzeption des "Demogorgon" gedrängt sieht: der Personifikation des Prinzips der impersonalen Notwendigkeit (ein Widerspruch in sich), das als "mighty darkness" zwar gestaltlos ist, aber dennoch das Gesetz des Handelns (auch) der Götter (bzw. Gottes) bestimmt.

Hierbei steht allerdings zu vermuten, daß die Konstruktion Jupiters als eines Willkürgottes nicht den einzigen Grund für Shelleys Schwierigkeit darstellt, Freiheit und Notwendigkeit in Gott miteinander verbunden zu denken: Gemäß seinem aufklärerisch-rationalistischen Denkansatz, mit dem er theologische Fragen angeht, fällt es ihm - wie auch Hume - entsprechend schwer, in Begriffen zu denken, die nicht in vollem Umfang von der Ebene der dreidimensionalen bzw. menschlichen Wirklichkeit ablesbar sind: der Begriff der Coincidentia oppositorum in Gott ist für Shelley nicht nachvollziehbar. So heißt es z.B. in "A Refutation of Deism": "God can't be a Unity and a Trinity".[4]

Allerdings steht die Schwierigkeit, personale Freiheit und sachlich-logische Notwendigkeit als in Gott zusammenfallend zu sehen, in der christlichen Theologie - speziell der des 19. Jahrhunderts - nicht vereinzelt da: Bolzanos Feststellung, daß es Sätze "vor Gott" geben müsse, d.h. logische Prinzipien, an die auch Gott gebunden sei, legt Zeugnis von dieser Schwierigkeit ab.[5]

d. Rollentausch Gott - Teufel

In dem Gedicht "Prometheus Unbound" kommt Shelleys Haß und Auflehnung gegen Gott in extremer Form zum Ausdruck: Dies äußert sich darin, daß Gott auf die moralisch und ontologisch tiefstmögliche Stufe abgewertet, als das absolut Böse, d.h. als Teufel dargestellt wird, während die Auflehnung gegen ihn als höchste moralische Perfektion, als höchstes Gut gewertet, der Auflehner (sprich: Widersacher bzw. Teufel) wegen eben dieser Auflehnung zum Gott erhoben wird; d.h. es findet -

unter moralischen und wertenden Gesichtspunkten gesehen - ein Rollentausch Gott - Teufel statt.

Dieser Rollentausch wird schon auf Grund des im vorigen Kapitel Gesagten in etwa deutlich: Es wurde die Analogie Jupiters zu Jehova aufgezeigt und die moralische Abwertung bzw. Beschimpfung, die diesem Jupiter-Jehova-Gott in Shelleys Gedicht zuteil wird. Wegen der partiellen Identität zwischen Jupiter und Jehova fällt Prometheus als dem Widersacher Jupiters dann automatisch die entsprechende biblische Rolle, d.h. die des Satans zu; andererseits tritt Prometheus jedoch als Erlöser der Menschheit auf und erlebt im Gedicht seine Apotheose.

In ganz prägnanter Form wird dieser Rollentausch Gott - Teufel sichtbar durch Rekursion auf die literarische Vorlage, die Shelley - wie er selbst expressis verbis angibt - für sein Gedicht benutzte und - wie sich herausstellen wird - umwertete: Gemeint ist Miltons "Paradise Lost". In seinem Vorwort ("Preface") zu "Prometheus Unbound" gibt Shelley an, seinen "Prometheus" in Anlehnung an die Figur des "Satan" aus "Paradise Lost" gestaltet zu haben: "The only imaginary being resembling in any degree Prometheus, is Satan, ... the Hero of 'Paradise Lost'".[1] Damit entspricht der Jupiter-Figur aus "Prometheus Unbound" formal die Gestalt Gottes aus "Paradise Lost".

Und in der Tat bestätigt die Ähnlichkeit gewisser sprachlicher Wendungen, die sich auf die entsprechenden Figuren in beiden Dichtungen beziehen, diese Entsprechung; so zum Beispiel die Anrede des Prometheus an Jupiter zu Beginn von Akt I: "Monarch of Gods and Demons", wo des weiteren die Machtmittel geschildert werden, mit denen Jupiter seine Herrschaft aufrecht erhält, und sich dann Prometheus zu Jupiters Feind ("foe") erklärt: "me who am thy foe" heißt es in Zeile 9. Entsprechend spricht Satan in "Paradise Lost" Gott an:[2] "Monarch in heaven", fährt dann inhaltlich wie in "Prometheus Unbound" fort und erklärt sich selbst auch zu Gottes Feind (mit dem nämlichen Wort "foe" wie in "Prometheus Unbound"): "he (God) ... hath overcome but half his foe" (Zeile 649). Diese sprachlichen und inhaltlichen Entsprechungen zwischen "Prometheus Unbound" und "Paradise Lost" bestätigen die Analogie der entsprechenden Figuren: Prometheus entspricht Satan; Jupiter Gott.

Nun aber tritt die Umwertung (gleichermaßen "Umfunktionierung") der entsprechenden Figuren ein: Prometheus übernimmt nicht nur ganz allgemein soterilogische Funktion, es werden ihm von Shelley auch typische Merkmale Christi assoziiert: Gemäß Shelleys "Preface" ist Prometheus die Personifikation der höchsten moralischen Vollkommenheit ("the type of the highest moral perfection").[3]

Diese Perfektion äußert sich im Gedicht selbst darin, daß Prometheus seinen Haß gegen seinen Feind (Jupiter) aufgibt (wodurch er ihn dann aber gerade der Seinsordnung nach besiegt). Bezüglich der Unterdrücker dieser Welt - die ebenfalls seine Feinde sind - äußert Prometheus in direkter Wiederholung der von Christus am Kreuz gesprochenen Worte: "They know not what they do" (Lukas 23, 24; ebenso : "Prometheus Unbound", Akt I, Zeile 631). Auch die Beschreibung, daß Prometheus an den Felsen genagelt sei ("nailed", Akt I, Zeile 20) in Abweichung vom ursprünglichen Mythos, der den Titanen als "angeschmiedet" beschreibt, stellt einen Anklang an die Kreuzigung Christi dar.

In seiner Einleitung zu der jüngst erschienenen zweisprachigen Ausgabe ausgewählter Werke Shelleys führt Horst Höhne einige Argumente ins Feld, die einer Identifikation der Gestalt des Prometheus mit Christus zu widersprechen scheinen, die jedoch nicht stichhaltig sind:

Zum einen behauptet Höhne, das Böse sei "Teil des Prometheus selbst" insofern, als Prometheus Jupiter geschaffen habe.[4] Dies stimmt jedoch nicht mit den Zeilen aus Shelleys Vorwort überein, nach denen Prometheus die Verkörperung der höchsten moralischen Perfektion darstellt;[5] auch hat - gemäß Akt II, Szene IV des Prometheus-Gedichtes - Prometheus Jupiter nicht böse erschaffen. Vielmehr übertrug er ihm das Regiment über die Menschen mit der Maßgabe, die Menschen frei sein zu lassen ("Let men be free", Akt II, Szene IV, Zeile 45). Jupiter jedoch mißbrauchte seine Macht, indem er die Menschen unterdrückte und quälte. Das Böse ging nicht von Prometheus aus, noch wurde es von ihm auf Jupiter übertragen. Es war gleichsam durch einen kosmischen Unfall in die Welt gekommen, indem "die Zeit vom Throne Saturns gefallen" war. (Akt II, Szene IV, Zeilen 35/36).

Ferner behauptet Höhne, die positive Bewertung der Verhaltensweise des Prometheus, seinen Gegner zu bedauern und deshalb nicht weiter zu bekämpfen, sei "eine der vielleicht erstaunlichsten Umkehrungen der christlichen Moral, die Shelley in seiner Dichtung vornimmt", da Prometheus - angeblich - durch sein Bedauern "Überlegenheit zeigt".[6]

Hier werden zwei verschiedene Bedeutungsgehalte des Wortes "Überlegenheit" miteinander vermischt: Nur in einem bereits durch die christliche Moral transformierten Sinne des Wortes zeigt Prometheus "Überlegenheit", indem er nämlich auf die Überlegenheit im profanen, unchristlichen Sinne, die er durch Fortsetzung des Kampfes und Besiegung Jupiters hätte erzielen können, aus Gründen der Nächstenliebe verzichtet. Nach christlichem Maßstab - und nur nach diesem - gilt diese Haltung als wertvoller denn das Streben nach profaner Überlegenheit, da sie die von Christus selbst gepredigte und vorgelebte Haltung darstellt - jene Haltung die das Königtum des Gekreuzigten begründet.

Andererseits bezeichnet Prometheus Jupiter als "Teufel" ("fiend"- Akt I, Zeile 262 - vgl. "der böse Feind") und wiederholt ihm gegenüber genau den gleichen Fluch (Akt I, Zeilen 292/93), den - umgekehrt - in "Paradise Lost" Gott dem Teufel gegenüber ausspricht: "Heap on thy soul, by virtue of this curse, ill deeds, then be thou damned, beholding good".[7] Auch ändert Shelley den ursprünglichen Mythos dahingehend ab, daß Jupiter nicht - wie bei Aischylos - der Vergebung und Besserung fähig ist, sondern endgültig vernichtet wird: "I was averse of a catastrophe so feeble as that of reconciling the champion with the oppressor of mankind" schreibt Shelley in seinem Preface.[8] Auf der Basis der - christlichen - vergebenden Liebe, die Shelley in seinem Gedicht ja offenkundig als höchstes moralisches Prinzip vertritt, kann dieses Schicksal der endgültigen Vernichtung nur dem absolut Bösen, dem Satan zugeteilt werden - was ja auch der biblischen Aussage über das Schicksal des Teufels entspricht.

Es stellt sich die Frage nach den Motiven Shelleys für diese Verteufelung Gottes bzw. den Rollentausch von Gott und Teufel, den Shelley hier vornimmt. Festzustellen ist, daß Shelley diese extrem hohe Bewertung des Prometheus und die entsprechende Abwertung Jupiters nicht immer in gleicher Weise vertreten hat: H. Viebrock weist (in seinem Aufsatz "Wer ist Demogorgon?")[9] auf Shelleys früher vertretene umgekehrte Bewertung hin, in der er - noch im Jahre 1813 - Prometheus dafür verurteilte, daß er durch seinen Feuerdiebstahl das Übel in die Welt gebracht habe. Zu jenem Zeitpunkt vertrat Shelley allerdings auch noch nicht den umgekehrten Standpunkt, Gott für die Verursachung dieses Übels verantwortlich zu machen und dafür anzuklagen (vgl. Kapitel I.4 dieser Arbeit).

Offenkundig ist Shelleys veränderte Bewertung der Haltung und Tat des Prometheus durch seine eigene veränderte Haltung Gott gegenüber bedingt, nämlich durch sein Aufbegehren, seine Anklagen Gott gegenüber. H. Viebrock nennt als Grund für dieses Aufbegehren Shelleys das im Zuge jener (revolutionären) Zeit gelegene allgemeine Aufbegehren des Menschen gegen jede Form der Herrschaft; er sieht in Shelleys Interpretation des Prometheus den "Ausdruck der Auflehnung des sich auf die Menschenrechte berufenden Menschen gegen alle Formen der Unterdrückung".[10] Ähnlich deutet auch H. Bloom in seinem Buch "Shelley's Mythmaking".[11] Nicht erwähnt wird bei diesen Deutungen der Aspekt der Verursachung des - moralischen wie physischen - Übels der Welt, der, wie oben dargelegt, einen wesentlichen Punkt der Shelleyschen Anklagen gegen Gott darstellt und der mit dem Aspekt des Aufbegehrens gegen Herrschaft jedenfalls nicht identisch ist.

Andererseits steht Shelley nicht allein mit seiner Bewertung des Prometheus: H. Bloom gibt (in "Shelley's Mythmaking) an,[12] Prometheus sei bereits früher, insbesondere von Tertullian und anderen Kirchenvätern, mit Christus verglichen worden. Eine so vollständige Umkehrung der Relation von Gott und Teufel, wie wir sie bei Shelley finden, ist allerdings sonst nur bei dessen Landsmann und Zeitgenossen William Blake anzutreffen. Beide beziehen sich in ihrer Dichtung auf "Paradise Lost" und vollziehen die gleiche Umwertung. H. Bloom schreibt dazu: "... the parallel here between Blake and Shelley is so exact that a knowledge of one poet may help in the reading of the other".[13] Dennoch behauptet Bloom, daß keiner der beiden Dichter - weder Blake noch Shelley - etwas von der Existenz des jeweils anderen gewußt habe.[14] In der Tat findet sich weder in Shelleys Werken noch in seinen Briefen eine ausdrückliche Erwähnung Blakes oder seiner Werke. Gegen Blooms Annahme spricht jedoch - außer der obengenannten Übereinstimmung der Dichtung - die Aussage des "Cambridge Guide to Literature in English",[15] Blake sei ebenso wie Shelley mit dessen Schwiegervater William Godwin eng befreundet gewesen. (Vgl. Kapitel I.8). Es ist demnach anzunehmen, daß die Übereinstimmung zwischen Blake und Shelley nicht auf Zufall beruht.

Zwar betont Milton selbst in seiner Dichtung "Paradise Lost",[16] es sei Sinn und Zweck eben dieser Dichtung, das Handeln Gottes den Menschen gegenüber zu rechtfertigen ("justify the ways of God to men"), und Milton führt diese Absicht dann auch durch. Sowohl Shelley (in seinem "Preface" zu "Prometheus Unbound") wie auch Blake vertreten jedoch die Ansicht, Milton habe diese explizit bekundete Absicht nur formal durchgeführt. In Wahrheit habe er die Figur des "Satan" viel großartiger und dem Leser sympatischer gezeichnet als die Gottes, so daß er - Milton - gegen seine erklärte Absicht und ohne sich dessen bewußt zu sein, ein "Parteigänger des Teufels" gewesen sei.[17] Blake wirft Milton vor, wider seine bessere Überzeugung in "Paradise Lost" das von Gott ausgehende Moralsystem gerechtfertigt zu haben, das in Wahrheit Übel und Unwert bedeute. Die moralisch richtige und wertvolle Haltung bestehe ausschließlich im Protest gegen Gott. Blake schreibt ein Versepos, das die diesbezügliche Aussage von "Paradise Lost" invertiert ("The Song of Los"), ebenso ein Epos "Milton", in dem er Milton aus dem Jenseits wiederkommen und seine "Irrtümer" von "Paradise Lost" korrigieren läßt!

H. Bloom nimmt in "Shelley's Mythmaking"[18] seinerseits zu Shelleys und Blakes Milton-Interpretation Stellung, indem er unterstellt, Miltons "Paradise Lost" sei in der Tat zweischichtig: Der Theologe in Milton habe hier - rational, absichtlich - einen anderen Bewertungsmaßstab zugrundegelegt, als der Poet in Milton dies - sozusagen unbewußt - getan habe, so daß Shelley und Blake Milton eigentlich nicht falsch interpretiert hätten.

Diese Auffassung, die eine gewisse Schizophrenie in Miltons "Paradise Lost" hineinlegt, welche sich in keiner anderen seiner Dichtungen zeigt, wird von anderen Milton-Interpreten, z.B. Alastair Fowler nicht geteilt.[19] Shelleys Milton-Interpretation wird von diesen Autoren als Irrtum oder absichtliche Entstellung verstanden.

Eine solche absichtliche Invertierung des Aussagegehalts nahm Shelley in der Tat vor mit Bezug auf Robert Southeys "Curse of Kehama", einer Dramatisierung des Prometheus-Mythos, bei der Prometheus (hier als "Ladurlad" bezeichnet) Christus entspricht, welcher

Jupiter (hier "Kehama" genannt), der die Verkörperung des absolut Bösen, d.h. des Teufels darstellt, besiegt. Shelley hat "Curse of Kehama" 1814 - also vor der Abfassung von "Prometheus Unbound" - gelesen,[20] die Übereinstimmungen der beiden Werke in vielen Punkten sind auffallend,[21] die Vorzeichen der Bewertung allerdings umgekehrt. Southey lehnte Shelleys Standpunkt ab und bezeichnete diesen - und andere Autoren, die den Widersacher Gottes zum Helden erhoben - als "Satanic School".

Wiederholt wurde die Frage aufgeworfen, ob Shelleys Standpunkt, dem Widersacher Gottes soteriologische Funktion zuzuschreiben, möglicherweise durch eine Bekanntschaft Shelleys mit den "Ophiten" begründet worden sei: jener gnostischen Sekte des 2. und 3. Jahrhunderts, die der Schlange aus Genesis 3 soteriologische Funktion zuschrieb. H. Viebrock weist in seinem oben zitierten Aufsatz[22] darauf hin, daß Shelley in der Tat u.a. in der Schrift des heiligen Irenäus "Adversus Haereses" die Bekanntschaft jener gnostischen Sekte machte.

Allerdings scheint der Einfluß jener Bekanntschaft nicht allzu groß gewesen zu sein: Shelleys Motive für sein Aufbegehren gegen Gott decken sich kaum mit denen der Gnosis; auch spielt bei Shelley die Schlange keineswegs die Rolle, die die Ophiten ihr beilegten: In seinem Aufsatz "Der böse Adler und die gute Schlange" versucht H. Viebrock den Nachweis dafür zu führen, daß die Schlange bei Shelley - wechselnd - teils als Symbol des Guten, teils des Bösen verwendet werde.[23] Dabei sind die Nachweise für die Verwendung als Symbol des Guten nicht durchweg stichhaltig: So z.B. wenn dargelegt wird, in "Revolt of Islam" verwandle sich das Gute nach seinem Sturz nur äußerlich in Häßliches, feindlich Erscheinendes, nämlich in die Gestalt der Schlange, dem Wesen nach bleibe es mit sich selbst identisch, d.h. gut. Es müsse Shelley ein Lapsus unterlaufen sein, wenn er wenig später das Böse in Gestalt der Schlange erscheinen lasse: "The Fiend, whose name was Legion, ... Poison, a snake in flowers ...".[24] Dies belegt eher die Tatsache, daß Shelley das Gute durch seinen Sturz als nicht nur äußerlich, sondern auch innerlich verändert vorstellt, d.h. die Schlange nicht Symbol des Guten, sondern des Bösen ist.

Ähnlich anfechtbar erscheint Viebrocks Deutung einer Stelle aus "Prometheus Unbound", in der es heißt:

"Gentleness, Virtue, Wisdom and Endurance
These are the seals of that most firm assurance
Which bars the pit over Destruction's strength;
And if, with infirm hand, Eternity,
Mother of many acts and hours, should free
The serpent that would clasp her with his length,
These are the spells by which to reassure
An empire o'er the disentangled doom".
("Prometheus Unbound": IV, 562 - 69).

Sowohl in seinem Aufsatz "Wer ist Demogorgon?"[25] als auch in "Der böse Adler und die gute Schlange"[26] versucht H. Viebrock eine Deutung dieser Stelle, wobei er zu widerlegen sucht, daß die Schlange hier als Symbol des Bösen zu verstehen sei. Nicht gesehen wird dabei, daß Shelley in Akt III bzw. IV seines "Prometheus Unbound" eine Art Apokalypse darstellt (vgl. Kapitel II.2.e dieser Arbeit) und die Schlange in dem angezogenen Text derjenigen aus Offb. 20 entspricht, die - den Satan darstellend - in einen Abgrund geworfen, nach tausend Jahren wieder befreit wird und dann abermals besiegt werden muß. Wo nach biblischer Aussage Gott diese Schlange vernichtet, müssen nach Shelleys Version die Menschen durch ihre Tugenden ("Gentleness, Virtue ..." etc.) dies leisten: Auch hier wieder: die Schlange nicht als Symbol des Guten, der Erlösung, sondern des Satans.

Ebenso wird in Akt III, Szene III, Zeile 36 die Schlange zusammen mit allerlei Widerlichem genannt: "toads, and snakes, and loathy worms". Shelley greift also offenbar - zumindest in "Prometheus Unbound" - die Symbolik der Ophiten *nicht* auf.

Völlig abwegig erscheint der Versuch Ernst Blochs,[27] einen Gegensatz zwischen Chrtistus und Jahwe zu konstruieren im Zusammenhang mit der Äußerung Christi (Joh. 3, 14 f): "Und wie Moses in der Wüste eine Schlange erhöht hat, also muß des Menschen Sohn erhöht werden, auf daß alle, die an ihn glauben, nicht verloren werden, sondern das ewige Leben haben". Christus habe sich hier mit der ehernen Schlange des Moses identifiziert, und wenn diese schon nicht direkt als Symbol der Paradiesschlange zu verstehen sei, so habe Christus doch durch seine Identifikation mit der Schlange überhaupt, zumindest als Unterton seiner Äußerung, sozusagen assoziativ, auch einen Gegensatz zum Vater mitschwingen lassen, so daß die Identifikation des Erlösers der Menschheit mit dem Widersacher Gottes biblisch vorgeprägt sei. Diese Konstruktion ist abwegig, da die eherne Schlange von alters her von den Israeliten durch Rauchopfer verehrt wurde (2 Kg. 18, 4). In der Königszeit war sie wahrscheinlich auch im Tempel aufgestellt. Nach spätjüdischer Feststellung (Weish. 16, 7) erwartete aber der Einsichtige Hilfe und Errettung eben nicht von der Schlange, sondern von Jahwe selbst. Als Heilsgott wurde nur Jahwe angerufen (Os. 6, 1; Dt. 32, 39), so daß die eherne Schlange ausschließlich als Bild und Symbol der Heilkraft Jahwes galt. Jesu Bezugnahme hierauf kann demnach keinesfalls auch nur als Andeutung eines Gegensatzes zwischen Christus und Jahwe interpretiert werden.[28]

Es mag an den vielfältigen auffallenden biologischen Eigenschaften der Schlange liegen - durch Gift zu töten, aber andererseits durch Häutung einer völligen Regeneration fähig zu sein - daß sie sowohl als Sinnbild des Verderbens wie auch des Heiles benutzt werden kann. Eine illegtime Vermengung beider Eigenschaften bietet die geeignete Voraussetzung für willkürliche Mißinterpretationen.

Wesentlich näherliegend, als daß Shelley in seiner Konzeption des "Prometheus Unbound" durch die Ophiten beeinflußt worden sei, ist eine Beeinflussung durch den als argen Atheisten verschrienen englischen Dichter Christopher Marlow - den direkten Vorläufer Shakespeares - der auf der Basis seines kämpferischen Atheismus bei der Gestaltung seines "Doctor Faustus" dem Satan zum erstenmal die Züge des schmerzvollen Dulderteufels gibt, der unser Mitgefühl erregt, und damit auch möglicherweise Milton beeinflußte.[29]

Es ist mit großer Wahrscheinlichkeit anzunehmen, daß Shelley Marlows Doctor Faustus gelesen hat, wie A. Droop feststellt.[30]

e. Apokalypse ohne Gott

In Akt III, Szene III seines "Prometheus" gibt Shelley zu erkennen, wie das Ziel beschaffen sein soll, das er im Rahmen seiner Weltverbesserungspläne anstrebt. Er schildert dieses Ziel in Analogie zu der in der Offenbarung des Johannes beschriebenen "neuen Erde", wobei jedoch zu beachten ist, daß diese bei Shelley allein durch menschliches Tun und menschliche Möglichkeiten gestaltet werden muß, da nach Shelleys Wunsch und Voraussetzung Gott ja "abgeschafft", d.h. jede Beziehung zur Transzendenz abgebrochen worden sein soll.

Shelley beschreibt in diesem Zusammenhang zunächst einen der Apokalypse vergleichbaren Vorgang, den Bloom in einer entsprechenden Fußnote als "surely the gentlest and most urbane apocalypse in literature" bezeichnet:[1] Des Nachts hören die Schläfer - nach dem Sieg des Prometheus - einen langen, wie Musik klingenden, lauten Ton vom Himmel (vgl. Posaunenschall), sie stehen auf, gehen auf die Straße und schauen gen Himmel (vgl. die Toten stehen auf). Plötzlich fliegen alle häßlichen Gesichter, alle Mißgestalten, alles, was Mühsal bedeutet, gen Himmel, die zum Positiven veränderten Gestalten nehmen dies mit Verwunderung zur Kenntnis und begeben sich wieder zur Ruhe (vgl. "Gott wird abwischen alle Tränen", Offenbarung 21, 3).

Die "neue Erde" bedeutet nun, daß die Menschen von Furcht frei sind, ohne Regierung, ohne Religion. Im einzelnen heißt es (Akt III, Szene IV, Zeile 194 ff) "The loathsome mask has fallen, man remains / Sceptreless, free, uncircumscribed, but man / Equal, unclassed, tribeless, and nationless / Exempt from awe, worship, degree, the king / Over himself, just, gentle, wise".

So weit entspricht diese Idealvorstellung von der "neuen Erde" dem Ziel, das Shelley im Anschluß an Godwin immer angestrebt hatte. Da Gott (Jupiter, der Weltregent und -erhalter) nach Shelleys Konzept verschwunden und verbannt ist und folglich keine Wirkung mehr ausüben kann, muß jegliche Veränderung der Welt im Rahmen dieser "Apokalypse" rein nach den Gesetzen dieser Welt, nach Naturgesetzen oder als Tat der Menschen sich vollziehen, wodurch eine absolute Diesseitigkeit des Vorgangs - entsprechend den Interessen und der Blickrichtung Shelleys - bedingt ist.

In diesem Rahmen können die in dem letzterwähnten Zitat geschilderten Veränderungen für möglich gehalten werden; in direktem Anschluß an diese werden jedoch weitere Veränderungen aufgezählt, deren Realisation in dem gegebenen Rahmen kaum möglich erscheint: "(Man) just, gentle, wise; but man / Passionless? - no; yet free from guilt or pain / Which were, for his will made or suffred them / Nor yet exempt, though ruling them like slaves / From chance, and death, and mutability". Daß der Mensch sich auf Grund seiner Willenskraft von jeglichem Schmerz befreien könne, daß er Tod und Zufall zwar nicht ausschließen (*noch* nicht ausschließen!), beides aber nach Belieben lenken könne, liegt nach bisherigen Erfahrungen außerhalb des dem Menschen möglichen Bereichs und scheint es auch dann noch zu liegen, wenn Religion und Regierung abgeschafft wären. Und was bedeutet: not yet exempt from death? Woher nimmt Shelley die Begründung für das, was er in Aussicht stellt, daß der Mensch aus eigener Kraft den Tod ausschalten könne? Offenbar möchte Shelley auf gewisse Elemente des in der Offenbarung des Johannes geschilderten Endzustandes nicht verzichten (z.B. "der Tod wird nicht mehr sein"), hat sich aber selbst durch die von ihm gewünschte Abschaffung Gottes die Realisationsbasis dafür entzogen.

Entsprechendes gilt für seine Schilderung des endzeitlichen Naturfriedens im Sinne des Isaias: In Akt III, Szene IV, Zeile 74 f lesen wir:

"... wouldst thou think that toads, and snakes, and efts
Could e'er be beautiful? Yet so they were
And that with little change of shape or hue
All things had put their evil nature off
I cannot tell my joy, when o'er a luke
Upon a drooping bough with nightshade twined
I saw two azure halcyons clinging downward
And thinning one bright bunch of amber berries
With quick long beaks, and in the deep there lay
Those lovely forms imaged as in a sky".

Hier überzieht offenbar der Wunsch die realen Möglichkeiten: Offenkundig wollte Shelley - aus Verbundenheit und Mitgefühl mit der außermenschlichen Kreatur - auch diese in die verbesserte neue Welt mit einbeziehen. Allein muß dies, bei Abwesenheit jeglicher überweltlicher Macht, innerhalb des von Shelley gesteckten Rahmens als Illusion angesehen werden, da es den angenommenen Voraussetzungen widerspricht.

Shelleys Mitgefühl mit der außermenschlichen Kreatur äußert sich sehr deutlich z.B. in "A Refutation of Deism" (Ref. S. 52):

> "A beautiful antilope panting under the fangs of a tiger, a defenceless ox, groaning beneath the butcher's axe, is a spectacle which instantly awakens compassion in a virtuous and unvitiated breast".[2]

Die Ankündigung der Ausbreitung der Liebe (als Analogon zur Ausgießung des Heiligen Geistes) in Akt IV, Zeile 557 ff wie auch der Besiegung der wieder befreiten "Schlange" (Akt IV, Zeilen 563 - 69) durch menschliche Tugenden bleiben mit einem Fragezeichen (bezüglich ihrer Realisationsmöglichkeit) im Raume stehen.

Man sieht: Shelley möchte in dem von ihm beschriebenen Endzustand offenbar alles das, was die Geheime Offenbarung in Aussicht stellt, so weit wie möglich - auf seine Weise - ersetzen, kann dies aber nur sehr unvollständig, da er sich zuvor die Basis für die gewünschten Veränderungen selbst entzogen hat: ein mögliches Eingreifen Gottes bzw. Gott selbst.

Offenbar beschränkt Shelley sich in seiner Zielsetzung - und seiner Hoffnung - aber nicht auf das, was nach bisheriger Erfahrung menschenmöglich ist, sondern glaubt, daß die Möglichkeiten des Menschen noch weit darüber hinausgehen werden, indem er darauf vertraut, daß zwar nicht der Glaube, wohl aber die Hoffnung des Menschen "Berge versetzen" könne. In Abänderung von 1 Kor. 13, 2 in Akt IV, Zeilen 573/74 heißt es: "To love and bear; to hope till Hope creates / From its own wreck the thing it contemplates".

Auch hier könnte Shelley Blake gefolgt sein, den er mit großer Sicherheit kannte (vgl. Kapitel II.2.d dieser Arbeit). Bei Blake lesen wir in "The Marriage of Heaven and Hell":[3]

> "Then I asked: does a firm perswasion that a thing is so, make it so? He (the prophet) replied: All poets believe that it does, and in ages of imagination this firm perswasion removed mountains, but many are not capable of a firm perswasion of any thing".

f. Der entstellte Christus

In Akt IV von "Prometheus Unbound" stellt Shelley eine Vision Pantheas, der Schwester Asias, dar, die - im Kontext des Gedichtes - die durch die "Apokalypse" herbeigeführten Veränderungen ankündigen soll. Diese Vision entspricht der von Offenbarung 1, 13 - 16. (Teils werden auch noch Visionen aus Ezekiel benutzt, entscheidend aber ist die aus Offenbarung).

Während diese Vision, die das Erscheinen des Menschensohnes darstellt, im Neuen Testament ihre vernünftige Begründung dadurch erhält, daß hier der Menschensohn ja als Weltenrichter erscheint, ist die Funktion der entsprechenden Vision in "Prometheus Unbound" innertextlich nicht gegeben: Weder gibt es in diesem Zusammenhang bei Shelley einen Christus, noch kommt ihm die Funktion eines Weltenrichters zu. Die Einfügung dieser Vision wäre höchstens metatextuell daraus zu erklären, daß zwischen Akt IV des Gedichtes, der diese Vision enthält, und den übrigen (vorhergehenden) Teilen ein gewisser "Bruch" besteht dadurch, daß Akt IV erst mehrere Monate nach Fertigstellung der übrigen Teile des Gedichtes als separater "Nachspann" verfaßt wurde.[1] Zwischen diesem IV. Akt und den vorhergehenden aber hatte Shelley das Gedicht "Ode to the Westwind" geschrieben, in das auch - wenn auch nicht in der offen zu Tage liegenden "Oberschicht" - eine große Zahl christlich-biblischer Motive eingearbeitet ist, deutlich im Zwiespalt zwischen Ablehnung und Anerkennung.

Das nämliche läßt sich auch von jener Vision in "Prometheus Unbound" sagen: Einerseits bedeutet es eine gewisse Nähe zum Christentum, die Vision des Menschensohnes überhaupt in das Gedicht zu integrieren. Andererseits jedoch ist diese Vision in einer im Vergleich zum Neuen Testament so veränderten Form benutzt, die Gestalt des Menschensohnes in so blasphemischer Weise entstellt, daß das Ausmaß der Ablehnung nicht zu übersehen ist:

Zum Vergleich seien die beiden Texte hier nebeneinandergestellt (Der Bibeltext nach der King James Bible):

Offenbarung:

13. And in the midst of the seven candlesticks one like unto the Son of man clothed with a garment down to the foot, and girt about the paps with a golden girdle. 14. His head and his hairs were white like wool, as white as snow; and his eyes were as a flame of fire. 15. And his feet like unto fine brass, as if they burned in a furnace; and his voice as the sound of many waters. 16. And he had in his right hand seven stars: and out of his mouth went a sharp twoedged sword; and his countenance was as the sun shineth in his strength. (Offenbarung 1, 13 - 16)

Shelley:

Within it sits a winged infant, white
Its countenance, like the whiteness of bright snow,
Its plumes are as feathers of sunny frost,
Its limbs gleam white, through the wind-flowing folds
Of its white robe, woof of ethereal pearl.
Its hair is white, the brightness of white light
Scattered in strings; yet its two eyes are heavens
Of liquid darkness, which the Deity
Within seems pouring, as a storm is poured
From jagged clouds, out of their arrow lashes,
Tempering the cold and radiant air around,
With fire that is not brightness; in its hand
It sways a quivering moonbeam, from whose point
A guiding power directs the chariot's prow
Over its wheeled clouds, which as they roll
Over the grass, and flowers, and waves, wake sounds,
Sweet as a singing rain of silver dew...
(Akt IV, Zeilen 214 ff)

Eine der Verfremdungen besteht darin, daß das "Kind" bei Shelley mit Flügeln und Federn versehen ist, die zu den Charakteristiken der Menschengestalt hinzukommen: gleichzeitig Mensch und Vogel, menschliche und untermenschliche Ebene in einem, zwiespältig.

Noch stärker im Ausdruck ist die Beschreibung der Augen: Während es im Neuen Testament heißt: "his eyes were as a flame of fire", wobei eine Feuerflamme Helligkeit impliziert, die zu der sonst insgesamt weißen, strahlenden Figur paßt, appliziert Shelley abgrundtiefe Schwärze: "yet its two eyes are heavens of liquid darkness which the Deity / within seems pouring, as a storm is poured from jagged clouds, out of their arrowy lashes / Tempering the cold and radiant air around, / With fire that is not brightness". Hier ist das Feuer der Augen nicht hell, die Dunkelheit kommt aus dem Innern ("from the Deity within") und steht in scharfem Gegensatz zu der Helligkeit und dem Leuchten der übrigen Figur. Diese Art von "schwarzem Feuer" ist (physikalisch) unwirklich, sie drückt vor allem die nach Meinung des Dichters offenbar vorhandene moralische Ambivalenz der Figur aus. Diese entspricht der Vermischung von Christus und Teufel, die in der Gestalt des Prometheus in dem Gedicht auftritt.

Es erscheint naheliegend, daß Shelley auch hier direkt von Blake beeinflußt war, der in "The Marriage of Heaven and Hell" die Notwendigkeit der Vereinigung von Kontrasten sowie die Vereinigung von Gott und Teufel, auch in der Gestalt des Miltonschen Messias, darstellt: "Without Contraries is no progression";[2] ferner: "... in the Book of Job Milton's Messiah is called Satan".[3]

II.3 The Triumph of Life

a. Einführung

Im dem - unvollendeten - Gedicht "The Triumph of Life" wird die Theodizeefrage nicht nur allgemein thematisiert, sondern vielmehr in direktem Zusammenhang mit dem dichterischen Selbstverständnis Shelleys gesehen, da der biographische Aspekt des Gedichtes unverkennbar ist.

Die ambilvalente Antwort auf die Theodizeefrage, die Shelley in diesem Gedicht erteilt, wirft den Dichter wieder hinter den in "Essay on Christianity" gewonnenen Standpunkt zurück, in dem die Rechtfertigung Gottes angesichts der Übel der Welt zum Ausdruck kommt. Dieser "Rückfall" mag sich aus der Enttäuschung und Verbitterung des Dichters über das Scheitern seines Lebenswerkes - der Reform der Welt durch die Dichtung - erklären.

Ebenso wie die in dem Gedicht dargestellte "Rousseau"-Figur, die als geistiges Spiegelbild Shelleys angesehen werden kann - sieht Shelley seine Absicht gescheitert und seine Kräfte verzehrt, da das von ihm angestrebte Ziel zu hoch, jenseits dessen, was Menschen möglich ist, angesetzt war. Nach dem Grund für dieses Scheitern gefragt, nimmt "Rousseau" einerseits die gesamte Schuld auf sich selbst: "I was overcome by my own heart alone". Andererseits jedoch erhebt er den Vorwurf, Gott habe die Welt so eingerichtet, daß es den Mächtigen an Güte, den Guten aber an Durchsetzungsvermögen fehle. Auf Shelleys eigenes Leben projiziert, erklärt sich dieser Vorwurf gegen Gott aus der Tatsache, daß Shelley grundsätzlich - besonders aber gegen Ende seines Lebens - Gott als den eigentlichen Initiator seiner Dichtung ansah und gelegentlich auch um seinen Beistand anrief. In "Ode to the Westwind" wendet er sich an Gott - genauer: eine "göttliche Macht", aber der Bezug auf den Gott des Alten Testaments ist unverkennbar - mit dem doppelten Anliegen, durch ihn - den Dichter - hindurch, gleichsam wie durch ein Sprachrohr, Worte in die Welt zu senden und diesen auch eine geeignete Wirkung auf Welt und Menschen zu verleihen.

Bleibt diese Wirkung nun aus, ist dann nicht Gott daran schuld, der die Worte oder ihre Wirkung nicht in geeigneter Weise gestaltete? Dennoch bleibt die Anklage gegen Gott, die in "The Triumph of Life" zum Ausdruck kommt, relativ eng begrenzt im Vergleich zu der totalen Anklage früherer Werke: Gott habe das Gute und die Mittel zur Erreichung desselben in unversöhnlichem Gegensatz erschaffen, heißt es in dem Gedicht. Daß Gott hier überhaupt als Schöpfer des Guten angesehen wird, unterscheidet dieses Gedicht von früheren Gedichten und Schriften, in denen Gott als Dämon dargestellt wurde.

Eine besondere interpretatorische Schwierigkeit bietet die Deutung der "Lichtgestalt" ("shape all light"), da sie einerseits von der Sonne - dem Symbol für Gott - ausgeht, andererseits eine destruktive Wirkung auf "Rousseau" ausübt. Die Schwierigkeit zeigt sich u.a. darin, daß diese Figur in der Sekundärliteratur eine kaum überschaubare Zahl verschiedener, teilweise einander widersprechender Deutungen erfahren hat. Indessen wurde bisher nirgendwo darauf hingewiesen, daß diese Figur eine sehr weitgehende verbale wie inhaltliche Übereinstimmung mit der Figur des "Satan" aus Miltons "Paradise Lost" aufweist, teils auch mit dem Boten Gottes aus demselben Drama Miltons. Diese Übereinstimmungen zwischen Shelleys "The Triumph of Life" und Miltons "Paradise Lost" sollen hier deutlich aufgezeigt werden. Ebenso deutlich muß jedoch herausgestellt werden, daß es sich - im Gegensatz zu dem, was auf Grund dieser Übereinstimmungen zu vermuten wäre - in Shelleys "The Triumph of Life" *nicht* um eine Nachstellung der Miltonschen Darstellung des Sündenfalls handelt, da die "Lichtgestalt" Shelleys eine Vermischung von Engel und Teufel darstellt und außerdem die "Rousseau"-Figur nicht - wie Adam in "Paradiese Lost" - wissentlich und in voller Freiheit der Versuchung erliegt, sondern einer Täuschung und einem Zauber zum Opfer fällt.

Andere Deutungen der "Lichtgestalt" fügen sich besser in den Zusammenhang des Gedichtes ein, so zum Beispiel A. Welburns Deutung dieser Figur als "Lucifer" aus Shelleys Gedicht "Epipsychidion". Dort stellt "Lucifer" den Inbegriff all dessen dar, was der Mensch sich auf dieser Welt wünschen kann und was ihn verlockt, es zu erstreben. Welburn sieht selbst, daß hier der Grund für das Scheitern dieses Strebens noch nicht miterfaßt ist. Dieser Grund wird deutlich in H. Blooms Deutung der "Lichtgestalt" als "Göttin des Regenbogens", die durch ihre Farbenpracht die Menschen anlockt und dann, bevor das Ziel erreicht werden kann, wie der Regenbogen entschwindet. Alle diese Deutungen sollen hier beleuchtet werden.

Schließlich soll durch einen kurzen Vergleich zwischen "The Triumph of Life" und Petrarcas "Trionfi" die Vermutung gestützt werden, Shelley habe nach dem völligen Scheitern seiner diesseitigen, immanenten d.h. weltimmanenten Zielsetzung (Reform der Welt) seine Sinnperspektive geändert und den eigentlichen Sinn menschlichen Strebens ins Jenseits verlagert, das "Leben" im eigentlichen Sinne des Wortes als jenseitig aufgefaßt.

b. Der inhaltliche Rahmen des Gedichtes

"The Triumph of Life" ist Shelleys letztes Gedicht, dessen Interpretation - insbesondere wegen seiner Unvollständigkeit - der Literaturwissenschaft erhebliche Schwierigkeiten bereitet, so daß die verschiedenen Interpretationen sich oft sehr stark voneinander unterscheiden.

"The problem of evil was certainly to be the central concern of the entire poem" schreibt Reiman.[1] Es geht dabei also ganz wesentlich um die Frage der Theodizee.

Der inhaltliche Rahmen des Gedichtes ist gegeben durch eine Vision des Dichters, die den Grund und die Folgen menschlichen Versagens, menschlicher Schuld zum Thema hat: Nach einer kurzen Eröffnung, in der die Vorgänge beim morgendlichen Erwachen der Natur gleichsam als gottesdienstliche Huldigung der Sonne dargestellt werden, schildert der Dichter seine Vision, die ihm in einem Zwischenzustand zwischen Wachen und Träumen zuteil wurde: "Then a vision on my brain was rolled", heißt es in Zeile 40:

Der Dichter sieht sich am Rand einer Straße sitzen, auf der - einem römischen Triumphzug vergleichbar - eine große Menschenmenge zusammen mit einem Wagen vorbeizieht: Dieser Wagen ("chariot") ist einem Triumphwagen vergleichbar, in Analogie zu dem Wagen in der Berufungsvision des Ezekiel geschildert, jedoch mit wesentlichen Entstellungen: Statt des den Wagen lenkenden Cherubims tritt bei Shelley (Zeile

94) ein "januskopfiger Schatten" als Wagenlenker auf; die Augen der vier den Wagen ziehenden Lebewesen sind verbunden, so daß der Wagen nicht richtig lenkbar ist. Auch trägt der Wagen nicht - wie bei Ezekiel - den Gottessohn, sondern eine vermummte Gestalt, die als das "Leben" verstanden werden muß in seiner Eigenschaft, die Menschen zu Verfehlungen, zu Versagen und schließlich zum Tod zu führen. Die riesige Menschenmenge in der Umgebung des Wagens, teils an diesen gekettet, teils vor ihm hergetrieben, teils ihm in einigem Abstand folgend und so der Menge der Gefangenen in einem Triumphzug entsprechend, stellt die Menge aller verstorbenen, im Leben gescheiterten und daher dem Tode preisgegebenen Menschen dar.

Auf dem Wagen befindet sich außerdem noch eine - eher einer verdorrten Wurzel denn einem Menschen vergleichbare - Figur, die die Frage des Dichters nach ihrer Identität mit der Aussage beantwortet, einmal "Rousseau" gewesen zu sein. Diese Figur wird nun sozusagen zum Führer des Dichters durch die gesamte Szenerie, die vor seinen Augen vorbeizieht: Zu den "Gefangenen" des Triumphzuges gehören fast alle Menschen, die jemals auf dieser Welt gelebt haben, auch die Großen und Mächtigen diesser Erde, selbst Päpste, da das Versagen, das ihr Schicksal besiegelte, nach Aussagen "Rouseaus" nicht in äußerem Mißerfolg bestand, sondern in innerem, moralischem Versagen: darin, daß sie ihre eigenen inneren Bestrebungen nicht sinnvoll lenken und beherrschen konnten: "They could not repress the mutiny within", heißt es in Zeile 213. Nur jene "wenigen Heiligen" ("sacred few"; Zeile 128), zu denen auch Jesus und Sokrates gehören, die sich nicht auf die Verlockungen dieser Welt einließen und damit ihre seelische Integrität bewahrten, gehören nicht zu den "vom Leben Besiegten".

Sodann schildert "Rousseau" sein eigenes Schicksal: Wo er glaubte, Gutes zu tun, haben sich - wie er sagt - seine Worte doch nur als eine "Saat des Unglücks" ("seeds of misery" - Zeile 280) erwiesen. Dabei sei er jedoch nur von seinem eigenen Herzen "besiegt" worden (Zeilen 240/41). (Die genaue Bedeutung dieser Aussage wird im Rahmen dieser Arbeit noch zu klären sein).

Rousseau schildert ferner in einer (vielfach als Allegorie verstandenen) Darstellung den Hergang des Versagens: Eine aus einem Spiegelbild der Sonne sich herauslösende Figur, die er als "shape all light" (Zeile 352) bezeichnet und deren strahlende Helligkeit mit zunehmender Entfernung der Figur von ihrem Ausgangspunkt abnimmt, reicht Rousseau auf dessen Frage nach Ursprung und Sinn seines Lebens aus einem Kristallglas einen Trunk, welcher sein Bewußtsein sofort völlig verändert: eine Veränderung, die sich symbolisch dadurch beschreiben läßt, daß auf einem nassen Sandstrand die Spur des Rehs durch die des Wolfs ersetzt wird: d.h., die einen Verlust an Integrität, an Unschuld der Seele bedeutet. Ebenso geht seine kreative Kraft verloren.

Der "Triumphzug" zieht an dem Dichter vorüber, ohne ihn selbst in seinen Sog hineinzureißen. Mit der unbeantwortetetn Frage des Dichters, was denn "Leben" bedeute, bricht das Gedicht ab.

c. Das Schicksal "Rousseaus"

"Rousseau" selbst berichtet über sein Versagen, seine Schuld, die er im Leben auf sich geladen habe und die der Grund für seinen derzeitigen schrecklichen Zustand sei: Er habe versucht, über das dem Menschen Mögliche hinauszugehen und auf dieser Basis andere Menschen zu führen. Deshalb seien seine Worte dann "eine Saat des Unglücks" für andere geworden. Wörtlich heißt es: "... I was overcome / By my own heart alone, which neither age / Nor tears ... / would temper to its object". (Zeile 240 - 43). Weiter: "My words were seeds of misery" (Zeile 280). H. Bloom interpretiert diese Worte Rousseaus in einer Fußnote zum Gedicht: "Rousseau fell victim to ... his heart's infinite desires which could not temper themselves to any attainable objects".[1]

Rousseau hatte an die "Versucher"-Figur die Frage nach Ursprung und Sinn seines Lebens gestellt: Dem stellt Reiman[2] Shelleys eigenen Standpunkt vergleichend gegenüber: daß nämlich sowohl derjenige, der freiwillig in Ignoranz verharrt, als auch derjenige, der zu tief einzudringen versucht in die Geheimnisse des Lebens, zum Scheitern verurteilt ist: "... he who feigned a 'morn of truth', 'deep night caught', 'ere morning'" zitiert Reiman aus "The Triumph of Life". (Zeilen 214/15). Andererseits aus "Essay on Life": "How vain it is to think that words can penetrate the mistery of our being! Rightly used they may make evident our ignorance to ourselves, and that is much".[3] Bereits in seinem Gedicht "Alastor" hatte Shelley ja früher deutlich gemacht, daß derjenige, der über das dem Menschen Mögliche hinauszugehen versucht, zum Scheitern verurteilt ist. Reiman fährt fort (teilweise das Gedicht "Triumph of Life" zitierend): "Those who, blindly leading the blind, rise 'like shadows between Man and God' (Triumph of Life, Zeile 289), and are defeated by life".[4]

Woran liegt es nun, daß Rousseau "vom Leben besiegt" wurde, d.h. grundsätzliche Verfehlungen beging? Rousseau selbst gibt eine zwiespältige, ambivalente Antwort auf diese Frage: Einerseits stellt er fest, niemand außer ihm selbst sei für diese Verfehlungen verantwortlich. Gott sei nicht schuld daran, der Himmel habe ihn mit ausreichenden Gaben ausgestattet. Andererseits werden jedoch andere als mit-verantwortlich erklärt: Wenn die Welt ihm einen besseren Nährboden für seine Ideen geboten hätte, wäre es nicht zu diesen Verfehlungen gekommen: "I was overcome by my own heart alone" heißt es einerseits (in Zeilen 240/41). Andererseits aber: "... if the spark with which Heaven lit my spirit / Earth had with purer nourishment supplied / Corruption would not now thus much inherit / Of what was once Rousseau" (Zeilen 201 - 204).

Was bedeutet dieser Vorwurf an die "Erde", sie hätte seinen Geist "mit reinerer Nahrung versorgen" sollen? Wen trifft dieser Vorwurf? Shelley selbst gibt die Antwort darauf (in Zeilen 228 - 231): "And much I grieved to find how power and will / In opposition rule our mortal day - / And why God made irreconcilable / Good and the means of good". Dies ist die zentrale Äußerung dieses Gedichtes: die Klage darüber, daß, wo der Wille zum Guten vorhanden ist, die Kräfte zur Realisation dieses Guten oft fehlen bzw. daß Gott dies so eingerichtet habe. D.h.: Shelley schreibt Gott eine (indirekte) Mitverantwortung für das Versagen der Menschen zu, da Gott es so eingerichtet habe, daß es den Guten an Macht, den Mächtigen an Güte fehle.

d. Der biographische Aspekt

Shelleys Klage über die auf dieser Welt vorhandene Diskrepanz zwischen Wille und Weg, zwischen Güte und Macht, beruht indessen nicht ausschließlich auf Anteilnahme am Schicksal anderer, sondern ergibt sich ganz zentral aus seinem eigenen Schicksal, aus der Lebenssituation, in der das Gedicht "Triumph of Life" entsteht. Reiman weist in seinem Aufsatz "The Triumph of Life - The Biographical Problem"[1] auf Grund biographischer Fakten, aber auch an anderer Stelle allein auf Grund des Wortlautes des Gedichtes, überzeugend nach, daß Shelley die "Rousseau"-Figur des Gedichtes als Spiegelbild seiner selbst - vielleicht als Prototyp des Dichters überhaupt - konstruiert hat. "... if thou cannot forebear / To join the dance which I had well forborne / Said the grim Feature, of my thought aware", heißt es in Zeilen 188 - 190 des Gedichtes. "Rousseau knows the Poet's thoughts before they are expressed, because he is only a projection of the Poet's internal questionings" - kommentiert Reiman diese Stelle des Gedichtes.[2]

Ähnlich wie Rousseau sieht sich auch Shelley als Dichter gescheitert, seine Reformbemühungen ließen sich nicht realisieren, seine dichterische Kraft ist erschöpft: "My faculties are shaken to atoms, and torpid. I can write nothing"; schreibt Shelly in einem Brief an Leigh Hunt vom 25. Januar 1822;[3] und an den gleichen Adressaten am 2. März des nämlichen Jahres: "Indeed I have written nothing for this last two months... . What motives have I to write - I *had* motives".

Auch für Shelley liegt es weitgehend im Verhalten seiner Umwelt begründet, daß er nichts mehr zu schreiben vermag: Was ihn lähmt, ist die Erfahrung bzw. die Erwartung, daß das, was er schreibt, keine Anerkennung, keine Zustimmung findet: "It is impossible to compose except under the strong excitement of an assurance of finding sympathy in what you write. Imagine Demosthenes reciting a Philippic to the waves of the Atlantic!" schreibt Shelley an John Gisborne am 18. Juni 1822.[4]

Ebenso wie Rousseau hatte sich auch Shelley zuviel vorgenommen: "I have a passion for reforming the world" hieß es im Vorwort zu "Prometheus Unbound"[5] und: "Poets are the unacknowledged legislators of the world" ("Die Dichter sind die nichtanerkannten Gesetzgeber der Welt") am Ende von "A Defence of Poetry".[6]

Hier wird es offenbar Shelley zum Verhängnis, wie er jene Stelle aus Platons Staat interpretierte, an der von den Dämonen und dämonischen Menschen die Rede ist, die allein befugt und befähigt sind, den Menschen den Willen und die Gebote der Götter zu vermitteln.[7] Indem Shelley offenbar den Dichtern (und damit sich selbst) diese übernatürliche Funktion zuordnete, gab er seiner Dichtung eine Grundlage, die die realen Möglichkeiten eines Menschen - somit auch Shelleys - übersteigt. Möglicherweise identifizierte sich Shelley sogar mit Eros, einem der platonischen Dämonen, der ein Mittelwesen zwischen Göttern und Menschen darstellt. Timothy Webb erwähnt diesen Aspekt in seinem Buch "The Violet in the Crucible". Wörtlich heißt es dort: "Perhaps the most important daemon in Shelley's thought was Plato's Eros, who, as the Symposium tells us, was neither man nor God." - wobei hier "daemon" nicht im Sinne eines destruktiven, Negatives bewirkenden Geistes zu verstehen ist.[8] (Vgl. Kapitel I.8 der vorliegenden Arbeit).

Mr. Paul Elmer More spricht in diesem Zusammenhang von Shelleys "überzogenem Selbstbewußtsein" ("overweening self-trust").[9]

In diese Richtung deutet auch die Äußerung Shelleys in einem Brief an Maria Gisborne vom 13. / 14. Oktober 1819, in dem es heißt: "Let us be our own Gods!".[10]

Von Shelleys Standpunkt aus betrachtet, ergibt sich eine Mitverantwortung Gottes für sein - d.h. Shelleys - Scheitern unter verschiedenen Gesichtspunkten: Nicht nur reagieren Welt und Menschen so, wie Gott sie geschaffen hat (im Sinne des deistischen Uhrwerk-Gedankens), wie wir es von Shelley in "A Refutation of Deism" hörten (vgl. Kapitel I.4 dieser Arbeit), vielmehr hat auch Gott durch sein je aktuelles Eingreifen bzw. Nichteingreifen in Shelleys Leben - im Sinne des Theismus - den Mißerfolg des Dichters mitverursacht: Sowohl bezüglich der Inspiration als auch bezüglich der Auswirkungen der Dichtung sieht sich - bzw. macht sich - Shelley von Gott abhängig: "... a poet is a thing aetherically light ... nor can he make poetry before he comes divinely inspired" heißt es in Fragment II,[11] und in "A Defence of Poetry" stellt Shelley dar, daß der Dichter über diese Inspiration nicht selbst willentlich verfügen kann, sie ihm vielmehr unabhängig von seinen eigenen Wünschen oder Bemühungen gegeben bzw. nicht gegeben wird.[12]

In seinem - 1819 verfaßten - Gedicht "Ode to the Westwind" bittet Shelley Gott sogar darum, seine - des Dichters - Worte unter die Menschen zu streuen und die Menschen davon - wie von einem Trompetenstoß - aufwachen zu lassen, d.h. er bittet Gott, durch sein Eingreifen in die Welt ihm Erfolg für sein Dichterwort zu verschaffen: "Drive my dead thoughts over the universe / Like withered leaves to quicken a new birth! ... / Scatter as from an unextinguished hearth / Ashes and sparks, my words among mankind! / Be through my lips to unawakened earth / The trumpet of a prophecy!".[13] Schließlich soll Gott alles für den Dichter tun, ihn inspirieren und ihm die Wirkung der Dichtung garantieren: "Be thou me ...!" schreibt Shelley ("Ode to the Westwind", Zeile 62), da er seine eigene Ohnmacht fühlt.

Anzumerken ist, daß Shelley in dieser Ode eine Gottheit anruft, die er als "Westwind" bezeichnet und die - vordergründig betrachtet - pantheistische Eigenschaften zeigt, andererseits jedoch so viele Charakteristika des Gottes der Bibel aufweist, daß man annehmen kann, Shelley habe hier - zumindest in einer unmittelbar unter der Oberfläche liegenden Bewußtseinsschicht - tatsächlich Gott, d.h. den Gott der Bibel um Hilfe angerufen - zumal die Ode deutliche Anklänge an Psalm 86 aufweist.

Wenn also Shelley Gott bittet, daß Gott stellvertretend für Shelley - gleichsam unter Benutzung Shelleys als eines Instrumentes - handeln möge, und dieser Handlungsweise dann Mißerfolg beschieden ist: Ist dann nicht Gott an diesem Mißerfolg schuld? So jedenfalls muß die Bilanz - von Shelleys Standpunkt aus betrachtet - lauten.

e. Ambivalente Antwort auf die Theodizeefrage

Wenn also - wie Reiman nachweist - die "Rousseau"-Figur des Gedichtes nur eine Projektion der Fragen und Gedanken Shelleys darstellt, so darf alles, was diese Figur spricht, und alles, was der Dichter selbst direkt in dem Gedicht äußert, mit einem Bogenstrich zusammengefaßt werden: Bei dieser Zusammenfassung zeigt es sich dann, daß Shelley hier eine zwiespältige, ambivalente Antwort auf die Theodizeefrage gibt: Einerseits ist der Mensch durch sein Fehlverhalten selbst schuld an Mißerfolg, Leid und Tod; andererseits ist jedoch Gott dafür verantwortlich, daß der Mensch zu schwach war, alles besser zu machen, da die Umweltbedingungen zu ungünstig waren.

Hier bricht die alte Frage der Willensfreiheit wieder auf, die von Shelley hier offenbar ebenso ambivalent beantwortet wird: Der Mensch ist einerseits verantwortlich, andererseits aber auch wieder nicht verantwortlich für sein Verhalten.

Selbstverständlich hat der Mensch nicht jedes Leid, jedes Unglück, das ihm widerfährt, direkt selbst verursacht bzw. verschuldet. (Dieses Problem wurde bereits an einer anderen Stelle dieser Arbeit ausführlich erörtert - vgl. Kapitel I.1 dieser Arbeit). Nach Auffassung der christlichen Theologie liegt das Auftreten dieser Übel am infralapsaren Zustand der Welt, welcher durch die Menschen selbst verursacht wurde. Shelley sieht und erwähnt diesen Zustand in seinem Gedicht "The Triumph of Life" zwar auch, gibt jedoch eine andere Ursache dafür an als die christliche Theologie: nämlich die mehr oder weniger große Willkür Gottes, nicht die Schuld der Menschen:

In Zeilen 1 - 20 seines Gedichtes stellt Shelley die Art dar, wie die Kreatur beim morgendlichen Erwachen der Sonne als ihrem Vater huldigt und einen Teil der Mühe und Plage auf sich nimmt, die dieser früher auf sich genommen, dann aber an die Kreatur weitergegeben, d.h. dieser auferlegt habe. "... all things that in them wear / the form and character of mortal mould / Rise as the Sun their father rose, to bear / Their portion of the toil which he of old / Took as his own and then imposed on them". (Zeilen 16 - 20). In ihrer Studie "Shelley and the Sublime"[1] deutet Angela Leighton diesen Eröffnungstext von "The Triumph of Life" als eine Reprise von Genesis 1 - 3, wobei die Sonne Jehova entspricht; die in Zeile 19 des Gedichtes genannte "Mühsal" ("toil"), die den Geschöpfen auferlegt worden sei, die Lasten darstellt, die gemäß Genesis 3, 14 - 24 der Schöpfung nach dem Sündenfall auferlegt werden. Angela Leightons Deutung erscheint umso wahrscheinlicher, als eine ähnliche Darstellung auch in "Prometheus Unbound" vorhanden ist, die mit noch größerer Deutlichkeit an den Text von Genesis 1 -3 erinnert, wobei das in

"Prometheus Unbound" (Akt II, Zeile 50) benutzte Wort "toil" mit dem in "The Triumph of Life", Zeile 19 auftretenden identisch ist. (Vgl. Kapitel II.2.c dieser Arbeit).

Außerdem geht aus einer anderen Stelle von "The Triumph of Life" deutlich die Bedeutung der Sonne als Symbol für Gott hervor (Zeilen 199 - 202), was ja auch der durch Platon begründeten Tradition entspricht, die die Idee des Guten mit der Sonne vergleicht.[2]

Es fällt auf, daß Shelley in dem Gedicht "The Triumph of Life", das er unmittelbar vor seinem Lebensende schrieb (er ertrank, bevor er es fertiggestellt hatte), wieder von dem Standpunkt abrückt bzw. hinter den Standpunkt zurückfällt - den er in "Essay on Christianity" erreicht hatte: daß nämlich Gott nur die Ursache von Gutem, nicht aber von Übeln sein könne.

Dieser "Rückfall" mag sich - zumindest teilweise - aus der Verbitterung und Verzweiflung über sein Scheitern und seine Notlage erklären: Selbstverständlich ist es in Zeiten des Glücks leichter, Gottes Güte zu preisen, als in Zeiten des Unglücks.

Immerhin handelt es sich hier nicht um einen totalen, sondern nur um einen partiellen "Rückfall": In "The Triumph of Life" wird Gott nicht so negativ gesehen wie etwa in "A Refutation of Deism", wo Gott als "Dämon" bezeichnet wurde; wie in dem Gedicht "Mont Blanc", in dem Gott mit Ahriman verglichen wird; oder gar wie in dem Gedicht "Prometheus Unbound", wo Gott als bösartiger Tyrann und Teufel beschimpft und bekämpft wird und überhaupt kein geschlossener, einheitlicher Gottesbegriff mehr möglich ist. In "The Triumph of Life" gibt es wieder einen geschlossenen, ungeteilten Gottesbegriff, und zwar mit überwiegend positiven Eigenschaften. In Zeilen 288 - 292 wird Gott als die "wahre Sonne" bezeichnet ("true Sun"): "... men divine / Who rose like shadows between Man and God / Till that eclipse, still hanging under Heaven / Was worshipped by the world o'er which they strode / For the true Sun it quenched".

Auch in den Einleitungsversen wird - wie bereits erwähnt - Gott durch das Symbol der Sonne dargestellt, das durch Platon mit der Idee des absolut Guten assoziiert ist. Auch Shelley selbst gebraucht in seiner gesamten

Dichtung das Wort "Sonne" niemals in einem negativen Sinne: "In his published poems Shelley never used the word 'sun' in a derogatory sense" schreibt Reiman.[3] Allein die Tatsache, daß Shelley in "The Triumph of Life" Gott als Schöpfer des Guten wie auch der Mittel zur Erreichung des Guten (Zeilen 228 - 231) bezeichnet, bedeutet eine gewisse Anerkennung der Güte Gottes, die weder in "Mont Blanc" noch in "Prometheus Unbound" möglich gewesen wäre, wo Gott ausschließlich als Prinzip bzw. Stifter des Bösen dargestellt wird.

Der Vorwurf, den Shelley in "The Triumph of Life" gegen Gott erhebt, ist relativ begrenzt; er negiert nicht Gottes Güte schlechthin: In seinem Buch "Shelley's Religion" stellt E. Barnard fest:

> "In 'The Triumph of Life' Shelley used the word God in the same manner in which an avowedly Christian poet might use it".[4]

f. Deutung der Figur "a shape all light"

Von entscheidender Bedeutung für die Interpretation des Gedichtes "The Triumph of Life", insbesondere für die Feststellung der Antwort, die in dem Gedicht auf die Theodizeefrage gegeben wird, ist ein Verständnis des Wesens der Figur "a shape all light", da sie die wesentliche Ursache für Rousseaus Verfehlung wie auch für sein nachfolgendes Unglück darstellt.

Welche ontische Natur hat diese Figur? Stellt sie lediglich eine Allegorie für menschliche Bewußtseinsinhalte dar - und gegebenenfalls: für welche? Oder repräsentiert sie eine Macht, die von außen her an den Menschen herantritt? Und - falls ja - in welcher Relation steht sie zu Gott, der ja - wie die bisherige Gedichtinterpretation ergab - für das Versagen und das Unglück des Menschen nach Shelleys Auffassung mitverantwortlich ist? "The crux of any interpretation of this (i.e. Rousseau's) account is agreed to be the 'shape all light' and the status she is to be accorded" schreibt Dawson.[1]

Die Schwierigkeit bei der Interpretation von "a shape all light" hat im wesentlichen zwei Ursachen: Zum einen erscheint diese Figur janusköpfig: Zunächst wird sie mit durchweg positiven Eigenschaften dargestellt, dann aber wirkt sie (auf Rousseau) destruktiv: "... although a source of music and of wonder, the 'shape' is ... destructive", schreibt Angela Leighton;[2] zum anderen zeigt diese Figur inhaltliche sowie - in ihrer Beschreibung - wörtliche Übereinstimmungen mit einer so großen Zahl verschiedener literarischer Figuren bzw. ideeller Wesenheiten, daß die Auswahl, wo denn der Schwerpunkt liege: welche Übereinstimmung die eigentlich relevante sei, sehr schwer zu treffen ist - ein Umstand, der zu einer kaum überschaubaren Flut verschiedener Interpretationen in der Sekundärliteratur führte.

Eine sehr große Ähnlichkeit, die in der Sekundärliteratur bisher keine Beachtung gefunden hat, besteht zwischen der "shape all light" und zwei Figuren aus Miltons "Paradise Lost": dem "Satan", wie er bei Milton in Buch I geschildert wird, sowie dem Boten Gottes ("shape divine") aus Buch VIII. Die wörtlichen Übereinstimmungen in der Beschreibung von Eigenschaften und Verhalten der entsprechenden Figuren reichen hier so weit, daß zunächst der Eindruck entsteht, es handele sich in "The Triumph of Life" um eine Reprise der Miltonschen Darstellung des Sündenfalls - zumal auch noch die Darstellung der Begegnung zwischen der "shape divine" und Adam (aus "Paradise Lost") der Beschreibung der Begegnung zwischen "a shape all light" und Rousseau (aus ("The Triumph of Life") sehr genau entspricht. (Daß Shelley Miltons "Paradise Lost" sehr gut bekannt war, geht u.a. aus "A Defence of Poetry" hervor; vgl. Kapitel II.2.d dieser Arbeit).

Vergleich von "a shape all light" mit Miltons "Satan". Bezugstexte: "Paradise Lost", I, 588 - 615; "The Triumph of Life", 337 - 360 und 412 - 438.

"Paradise Lost", I, 588 - 615

"... Compare of mortal prowess, yet observed
Their dread commander: he above the rest
In shape and gesture proudly eminent
Stood like a tower; his form had yet not lost
All her original brightness, nor appeared
Less than archangel ruined, and the excess
Of glory obscured: as when the sun new risen
Looks through the horizontal misty air
Shorn of his beams, or from behind the moon

In dim eclipse disastrous twilight sheds
On half the nations, and with fear of change
Perplexes monarchs. Darkened so, yet shone
Above them all the archangel: but his face
Deep scars of thunder had intrenched, and care
Sat on his faded cheek, but under brows
Of dauntless courage, and considerate pride
Waiting revenge; cruel his eye, but cast
Signs of remorse and passion to behold
The fellows of his crime, the followers rather
(Far other once beheld in bliss) condemned
For ever now to have their lot in pain,
Millions of spirits for his fault amerced
Of heaven, and from eternal splendours flung
For his revolt, yet faithful how they stood,
Their glory withered. As when heaven's fire
Hath scathed the forest oaks, or mountain pines,
With singed top their stately growth though bare
Stands on the blasted heath ..."

"The Triumph of Life", 337 - 360 und 412 - 438

"Though it was now broad day, a gentle trace
Of light diviner than the common Sun
Sheds on the common Earth, but all the place

Was filled with many sounds woven into one
Oblivious melody, confusing sense
Amid the gliding waves & shadows dun;

And as I looked the bright omnipresence
Of morning through the orient cavern flowed,
And the Sun's image radiantly intense

Burned on the waters of the well that glowed
Like gold, and threaded all the forest maze
With winding paths of emerald fire - there stood

Amid the sun, as he amid the blaze
Of his own glory, on the vibrating
Floor of the fountain, paved with flashing rays,

A shape all light, which with one hand did fling
Dew on the earth, as if she were the Dawn
Whose invisible rain forever seemed to sing

A silver music on the mossy lawn,
And still before her on the dusky grass
Iris her many coloured scarf had drawn.

In her right hand she bore a crystal glass
Mantling with bright Nepenthe, - the fierce splendour
Fell from her as she moved under the mass

* * * * * * *

And the fair shape waned in the coming light
As veil by veil the silent splendour drops
From Lucifer, amid the chrysolite

Of sunrise ere it strike the mountain tops -
And as the presence of that fairest planet
Although unseen is felt by one who hopes

That his day's path may end as he began it
In that star's smile, whose light is like the scent
Of a jonquil when evening breezes fan it,

Or the soft note in which his dear lament
The Brescian shepherd breathes, or the caress
That turned his weary slumber to content.

So knew I in that light's severe excess
The presence of that shape which on the stream
Moved, as I moved along the wilderness

More dimly than a day appearing dream,
The ghost of a forgotten form of sleep,
A light from Heaven whose half extinguished beam

Through the sick day in which we wake to weep
Glimmers, forever sought, forever lost. -
So did that shape its obscure tenour keep

Beside my path, as silent as a ghost,
But the new Vision, and its cold bright ear,
With savage music, stunning music, crost

The forest, and as if from some dread war
Triumphantly returning, the loud million
Fiercely extolled the fortune of her star..."

Die inhaltliche Entsprechung besteht darin, daß in beiden Texten ein Vorgang beschrieben wird, bei dem eine Lichtgestalt die ihr anfangs eigene Überfülle von Licht allmählich verliert und dabei verblaßt und dunkelt, wobei dieser Vorgang der Verdunkelung gleichzeitig mit einer sich vergrößernden Entfernung von Gott einhergeht.

Die "shape all light" geht von größtmöglicher Nähe zu Gott aus ("There stood amid the sun, as he amid the blaze of his own glory - a shape all light; Zeilen 348 - 352) wobei hier die Sonne, wie wir bereits sahen, als Symbol für Gott gedeutet werden kann. Auf ihrem Weg entfernt sich diese Figur dann mehr und mehr von Gott und entpricht damit Miltons "Archangel ruined" (Zeile 593). In der Schilderung beider Figuren sind auffällige Übereinstimmungen charakteristischen Vokabulars festzustellen:

"Paradise Lost":	*"Triumph of Life"*:
excess of glory (593/4)	light's severe *excess* (424)
shape (596)	*shape* (352; 412)
he ... *stood* like a tower (591)	There *stood* amid the sun (348)
her original *bright*ness (592)	the *bright* omnipresence (343)
from eternal *splendour* flung (609)	the fierce *splendour* fell from her (360)
the excess of *glory* (594)	the blaze of his own *glory* (351)
the excess of glory *obscured* (594)	So did that shape its *obscure* tenour keep (432)
mountain pines with singed *top* (614/15)	*mountain tops* (415)
the *sun* new *risen* (594)	The chrysolite of *sunrise* (415)
Their glory withered, as when *heaven's fire* hath *scathed* the forest oaks, or *mountain* pines with *singed top* (612 - 14)	and *the fair shape waned* in the coming light, as veil by veil the silent splendour drops from Lucifer, amid *the chrysolite of sunrise*, ere it *strike the mountain tops* (412 - 15)

Ein weiterer Textvergleich, nämlich von "Paradiese Lost" (VIII, 270 - 277; 287 - 309) mit "The Triumph of Life", (343 - 372 sowie 393 - 406) zeigt, daß hier nun eine enge Entsprechung festzustellen ist zwischen Shelleys "shape all light" und dem Boten, der Adam führt, sowie außerdem zwischen Shelleys "Rousseau" und Miltons "Adam".

"Paradise Lost": VIII, 270 - 277 und 287 - 309

"But who I was, or where, or from what cause, I
Knew not; to speak I tried, and forthwith spake,
My tongue obeyed and readily could name
What e'er I saw. Thou sun, said I, fair light,
And thou enlightened earth, so fresh and gay,
Ye hills and dales, ye rivers, woods, and plains,
And ye that live and move, fair creatures tell,
Tell, if ye saw, how came I thus, how here?

* * * * * * *

Pensive I sat me down; there gentle sleep
First found me, and with soft oppression seized
My drowsed sense, untroubled, though I thought
I then was passing to my former state
Insensible, and forthwith to dissolve:
When suddenly stood at my head a dream,
Whose inward apparition gently moved
My fancy to believe I yet had being,
And lived: one came, methought, of shape divine
And said, Thy mansion wants thee, Adam, rise,
First man, of men innumerable ordained
First father, called by thee I come thy guide
To the garden of bliss, thy seat prepared.
So saying, by the hand he took me raised,
And over fields and waters, as in air
Smooth sliding without step, last fed me up
A woody mountain; whose high top was plain,
A circuit wide, enclosed, with goodliest trees
Planted, with walks, and bowers, that what I saw
Of earth before scarce pleasant seemed. Each tree
Loaden with fairest fruit that hung to the eye
Tempting stirred in me sudden appetite ..."

"The Triumph of Life": 343 - 372 und 393 - 406

"And as I looked the bright omnipresence
Of morning through the orient cavern flowed,
And the Sun's image radiantly intense

Burned on the waters of the well that glowed
Like gold, and threaded all the forest maze
With winding paths of emerald fire - there stood

Amid the sun, as he amid the blaze
Of his own glory, on the vibrating
Floor of the fountain, paved with flashing rays,

A shape all light, which with one hand did fling
Dew on the earth, as if she were the Dawn
Whose invisible rain forever seemed to sing

A silver music on the mossy lawn,
And still before her on the dusky grass
Iris her many coloured scarf had drawn.

In her right hand she bore a crystal glass
Mantling with bright Nepenthe; - the fierce splendour
Fell from her as she moved under the mass

Of the deep cavern, and with palms so tender
Their tread broke not the mirror of its billow
Glided along the river, and did bend her

Head under the dark boughs, till like a willow
Her fair hair swept the bosom of the stream
That whispered with delight to be their pillow.

As one enamoured is upborne in dream
O'er lily-paven lakes mid silver mist
To wondrous music, so this shape might seem

Partly to tread the waters with feet which kist
The dancing foam, partly to glide along
The airs that roughened the moist amethyst,

* * * * * * *

To move, as one between desire and shame
Suspended, I said - 'If, as it doth seem,
Thou comest from the realm without a name,

'Into this valley of perpetual dream,
Shew whence I came, and where I am, and why -

Pass not away upon the passing stream'.
'Arise and quench thy thirst', was her reply.
And as a shut lily, stricken by the wand
Of dewy morning's vital alchemy,

I rose; and, bending at her sweet command,
Touched with faint lips the cup she raised,
And suddenly my brain became as sand ..."

Schon die Ähnlichkeit der Bezeichnungsweise fällt auf: Bei Milton wird der Bote als "of *shape* divine" bezeichnet (Zeile 295), bei Shelley heißt die entsprechende Figur "*shape* all light" (Zeile 352). Beide Figuren gleiten gleichsam schwerelos über das Wasser und durch die Luft: Miltons Zeile 301/02: "And over fields and *waters*, as in *air* / Smooth *sliding* without step ...". Shelleys Zeilen 360; 363: "She .../ *Glided* along the *river* ..." und Zeile 371/2: "... to *glide* along the *airs* ...". Ferner: Adam wie Rousseau stellen je unmittelbar vor - bzw. bei - der Begegnung mit der entsprechenden göttlichen Figur fast die gleiche Frage, die auf Erkenntnis des Grundes der Welt sowie ihrer eigenen Existenz gerichtet ist: Milton, Zeilen 276 sowie 270/71: "*Tell ..., how came I* thus, *how here*? ... But who I was, or *where*, or *from what cause*, [I] knew not ...". Shelley, Zeile 398: "*Shew, whence I came, and where I am*, and *why* ...". Einmal wird die göttliche Figur angesprochen mit: "Sage mir", einmal mit: "Zeige mir"; gemeinsam sind beiden Fragern die drei Fragestellungen: "(Zeige (sage) mir,) woher ich kam, wo ich bin, und warum!"

Zur Beantwortung dieser Fragen fordert die göttliche Figur in jedem der beiden Fälle den Frager auf, aufzustehen, bevor er die Antwort erhält: Bei Shelley: "'*Arise* and quench thy thirst', was her reply ..." (Zeile 400). Bei Milton: "... one came ... of shape divine, and said, ... Adam, *rise* ..." (Zeilen 295/96).

Die Figur geht bzw. gleitet längere Zeit direkt neben dem Frager her: Milton: "So saying, *by the hand he took me* raised, and over fields and waters, as in air *sliding led me* ..." (Zeilen 300 - 302).

Shelley: "So did that shape *its* obscure *tenour keep beside my path*, as silent *as a ghost* ..." (Zeilen 431/32).

Beide Figuren ("shapes") sind darüber hinaus so dargestellt, daß sie bei dem Menschen, der ihnen begegnet bzw. sie erblickt, eine Betäubung der Sinne und eine Art allmählichen Bewußtseinsschwundes hervorrufen, der sich von einem gewöhnlichen Einschlafvorgang offenbar unterscheidet.

Bei Shelley heißt es (unmittelbar vor der Erscheinung der "shape" - Zeilen 339 - 41): "... all the place / Was filled with many sounds woven into one *oblivious melody, confusing sense*".

Bei Milton: "... seized my *drowsed sense*, ... I thought I then was *passing to my former* state insensible, and forthwith to *dissolve*" (Zeilen 288 - 291).

Trotz dieser außerordentlich weitreichenden Übereinstimmungen zeigt es sich bei genauerer Betrachtung, daß in Shelleys "The Triumph of Life" KEINE Reprise des Miltonschen Sündenfalls vorliegt. Eine solche wäre auch kaum zu vereinbaren mit der in den Kapiteln II.3.b - e bereits gegebenen Interpretation des Gedichtes, in der gezeigt wurde, daß Shelley Gott nicht für schuldlos erklärt an den Übeln, die dem Menschen widerfahren; Milton hingegen erklärt Gott für voll gerechtfertigt, den Menschen für allein schuldig. Shelley hat hier Bauteile aus Miltons "Paradise Lost" verwendet, sie aber gleichzeitig ver-wendet, d.h. zu einem neuen Kontext zusammengesetzt, der dem Miltonschen NICHT entspricht.

Dies zeigt sich nicht nur im Gesamtzusammenhang, sondern auch im Detail: Der Text von "The Triumph of Life" zeigt eine Vermischung der Elemente von "Satan" und "shape divine" in der Gestalt der "shape all light", woraus man entnehmen kann, daß die "shape all light" bei Shelley gleichzeitig als Engel wie als Teufel dargestellt wird, was ja auch ihrer Gesamtwirkung auf Rousseau entspricht. Im Miltonschen Kontext aber ergibt diese Vermischung keinen Sinn.

Auch im zentralen Punkt: der Begegnung zwischen dem Menschen und der Versucher-Figur, unterscheidet sich Shelley wesentlich von Milton: Hier ("Paradise Lost", IX, 344 ff sowie 996 f) wird betont, daß der Mensch in voller Freiheit, nicht unter Zwang oder auf Grund einer Täuschung gehandelt habe. Anders bei Shelley, wo die Wirkungen des Trunkes, den Rousseau von der Lichtgestalt erhält, absolut nicht dem entsprechen, was er sich erhofft hatte und ihm nahegelegt wurde: Antwort auf seine Fragen zu erhalten ("Arise and quench thy thirst", Zeile 400); Rousseau wurde also getäuscht. Ferner handelt er nicht in völliger Freiheit, vielmehr determiniert, wie eine Blume dem Naturgesetz folgt, teils auch gleichsam wie verzaubert: "And as a shut lily, stricken by the wand / Of dewy morning's vital alchemy / I rose and ... / Touched with faint lips the cup ..." (Zeilen 401 - 404).

Andere Deutungen der "shape all light" denn die als Miltons "Satan" fügen sich besser in den Gesamtzusammenhang des Gedichtes ein: A. Welburn deutet (in seinem Buch "Power and Self-Consciousness in the Poetry of Shelley")[3] im Anschluß an Zeile 414 von "The Triumph of Life", wo die Lichtgestalt mit "Lucifer" verglichen wird, diese als "Lucifer" aus Shelleys Gedicht "Epipsychidion": Dort stellt "Lucifer" den Inbegriff all dessen dar, was der Mensch sich auf dieser Welt wünschen kann. Welburn sieht selbst, daß dieser Vergleich noch nicht den Grund dafür impliziert, warum Rousseaus Begegnung mit der Lichtgestalt für ihn destruktive Wirkung hat.

Dies wird deutlich durch H. Blooms Deutung dieser Lichtgestalt als Göttin des Regenbogens im Anschluß an Zeile 357 des Gedichtes, wo es heißt, "Iris" sei stets vor dieser Lichtgestalt einhergewandelt; aber diese Deutung paßt auch unter Berücksichtigung des Gesamtzusammenhangs des Gedichtes: Der Regenbogen, so argumentiert Bloom, gehöre zu den wundervollsten und verlockendsten Erscheinungen, die die Welt (Natur) dem Menschen bieten könne. Versuche der Mensch aber, diesen Regenbogen zu erreichen oder gar zu erfassen, so verschwinde er, der Mensch sei gescheitert, er sei - und habe sich selbst - getäuscht in seinem Unterfangen. Gleichzeitig wird diese Deutung der Shelleyschen "Lichtgestalt" der Tatsache gerecht, daß es von dieser heißt, sie entstehe, indem die Sonne auf Wasser scheine (Zeilen 345/6 des Gedichtes), und auch der Regenbogen einen direkten Zusammenhang mit der Sonne (dem Symbol für Gott) hat, andererseits auch - nach Aussage des Gedichtes - Gott mitverantwortlich gemacht wird für die Täuschung, Enttäuschung, Frustration des Menschen.[4]

Selbstverständlich stellt auch H. Blooms Interpretation der "shape all light" als "Göttin des Regenbogens" nur eine allegorische Erfassung des

Bedeutungsinhalts dieser Figur dar: Sie symbolisiert das, was Rousseau (Shelley) erlebt, indem er seine Ideale zu realisieren versucht und dabei scheitert und sich zugrunde richtet: Der Dichter erlebt dies so, als ob jene Lichtgestalt ihm begegne und sich so verhalte, wie das Gedicht es schildert.

g. Deutung des Titels "Triumph of Life" im Sinne einer Jenseitshoffnung in Anlehnung an Petrarcas "Trionfi"

Was bedeutet der Titel des Gedichtes "Triumph des Lebens"? Zunächst wird in dem Gedicht dargestellt, daß das - diesseitige - Leben fast alle Menschen "besiegt", indem es sie zu Handlungen veranlaßt, welche den Menschen ins Verderben stürzen. "Leben" ist demnach hier in einem diesseitigen, negativen Sinne gebraucht.

Offenbar ist dies jedoch nicht der einzige Sinn, den dieses Wort in dem Gedicht hat: In Zeile 128 heißt es, daß nicht alle Menschen in diesem verderblichen "Triumphzug" des Lebens mitgeschleift werden: "all but the sacred few" heißt es hier. Über sie hatte das Leben im obigen Sinne keine Macht, weil sie sich nicht auf dessen Verlockungen einließen. Jene wenigen "Heiligen" ("sacred") lehnten alle "Kronen" ab bis auf die "letzte", lesen wir in Zeilen 132 - 34. In diesem Zusammenhang ist die Rede von "denen aus Athen und Jerusalem" (Zeile 134), worunter mit großer Wahrscheinlichkeit Sokrates und Christus gemeint sind - was auch H. Bloom in einer Fußnote zum Gedicht anmerkt[1] - da Shelley an mehreren Stellen seiner Dichtung diese beiden Personen in einem Atemzug - gleichsam als Partner eines Paares - benennt. Die "letzte" - endgültige - Krone aber, die Jesus erhielt, ist die des ewigen Lebens gemäß Offenbarung 2, 10 ("Sei getreu bis in den Tod, so will ich dir die Krone des Lebens geben"). In Hebr. 2, 9 heißt es mit Bezug auf Christus: "Wir sahen Jesus, der für kurz unter die Engel erniedrigt wurde, wegen seines Todesleidens mit Herrlichkeit und Ehre gekrönt". Auch in Offenbarung 19, 11 - 13 wird Christus gekrönt dargestellt. Offenbar gibt es also nach Shelleys Auffassung noch eine andere Form von "Leben" als die obengenannte diesseitige. Allerdings erlangen gemäß der oben zitierten Stelle des Gedichtes nur wenige ("few") dieses ewige Leben, so daß das diesseitige, destruktive Leben dennoch den Sieg, den "Triumph" davontragen würde.

Donald H. Reiman nun gibt dem Gedicht noch eine grundsätzlich andere Wendung: Er weist auf die Ähnlichkeit zwischen Shelleys "The Triumph of Life" und Petrarcas Gedicht "Trionfi" hin, in welchem nach allen vordergründigen und vorläufigen Triumphen des diesseitigen Lebens dennoch das ewige Leben den endgültigen Sieg davonträgt.[2] Da Shelley in seinem Aufsatz "A Defence of Poetry" Petrarcas Dichtung einige Male anerkennend erwähnt, ist eine bewußte Anlehnung an dieselbe durchaus naheliegend.

Reiman sieht - über die erwähnte Ähnlichkeit hinaus - noch weitere Anzeichen dafür, daß auch Shelley in seinem Gedicht "The Triumph of Life" den Triumph des jenseitigen Lebens über das diesseitige zum Ausdruck zu bringen beabsichtigte bzw. das jenseitige Leben als das "Leben" im eigentlichen Sinne des Wortes erklärte. (Allerdings entzieht sich das Gedicht wegen seiner Unvollständigkeit einer endgültigen Beurteilung). Der letzte vollständige Satz des Gedichtes besteht in der Frage, die der Dichter an seinen Führer Rousseau stellt: "Then, what is Life?" (Zeile 544). Die Antwort ist uns nur in dürftigen Bruchstücken gegeben, nach denen das Gedicht abbricht (Zeilen 546/7): "And answered ... 'Happy those for whom the fold ... / Of ...". Reiman weist[3] darauf hin, daß hier das Wort "fold" mit dem Begriff "folding star of Bethlehem" in Zusammenhang stehen könnte, der in Shelleys Gedicht "Hellas" als Symbol für Christus gebraucht wird. Die zitierten Bruchstücke am Ende des Gedichtes "The Triumph of Life" könnten demnach sinnvoll ergänzt werden zu: "Happy those for whom the folding star / Of Bethlehem will shine"; oder (unter Bezugnahme auf 1 Petr. 5, 4): "Happy those for whom the folding star / Of Bethlehem provides a crown of Life".

Bemerkenswert ist, daß der Dichter sich selbst aus der großen Schar der Verlorenen ausnimmt: Er sitzt am Wege, der "Triumphzug", der unzählig viele in sich hineinzieht, rollt an ihm vorüber (Zeilen 545/546). Hierin kommt die Hoffnung des Dichters, selbst das ewige Leben zu erlangen, zum Ausdruck. Die Erfüllung dieser Hoffnung würde aber - nach biblischer Aussage - einer Versöhnung des Dichters mit Gott entsprechen - also auch einem vollen "Ja" auf die Theodizeefrage, das in dem unmittelbar vor Shelleys Lebensende verfaßten Gedicht "The Triumph of Life" allerdings nicht mehr zum Ausdruck kommt. Andererseits entzieht sich dieser persönliche Aspekt der Beurteilung durch den Leser - gibt es doch auch für einen Menschen, der in seinem Leben "auf Gottes Güte nie gebaut" hat, selbst bei einem plötzlichen tödlichen Sturz vom Pferde für Gottes Gnade "Raum genug noch zwischen Bügel und Erde", wie Böries Freiherr von Münchhausen es in einer seiner Balladen zum Ausdruck bringt.[4]

Diejenigen, die den Dichter am besten kannten, schlossen sich offenbar seiner Hoffnung an: Shelley wurde bestattet auf dem Cimitero Acattolico di Roma, dem protestantischen Friedhof von Rom: Denen, die auferstehen werden, sei dieses Stück Erde geweiht, verkündet in riesigen Lettern das Eingangsportal:

"RESURRECTURIS"

Schluß

Die Bedeutung der gewonnenen Ergebnisse

Wer die Frage nach dem Sinn der Welt zum Gegenstand seiner Untersuchungen gemacht hat, sollte es nicht versäumen, auch die Frage nach dem Sinn des eigenen Tuns zu stellen: Im vorliegenden Fall bedeutet dies: sich Rechenschaft abzulegen über den Sinn bzw. die Bedeutung der im Rahmen dieser Arbeit gewonnenen Ergebnisse.

Ein solcher Sinn zeichnet sich im vorliegenden Falle auf drei verschiedenen Ebenen ab: Zunächst vermögen die gefundenen Ergebnisse sicherlich - im Rahmen der Anglistik - einen kleinen Beitrag zu leisten zur Shelley-Forschung, d.h. zur Deutung der Aussagen und Erhellung des Standpunktes des Dichters P. B. Shelley. Darüber hinaus jedoch stellen diese Ergebnisse zugleich - im Rahmen der (Religions-) Philosophie - einen exemplarischen Beitrag dar zur Theodizee- bzw. Willensfreiheitsfrage insofern, als an einem für Shelleys Zeit offenbar typischen Beispiel die Problematik aufgezeigt wird, die der Diskussion der besagten Frage zu jener Zeit innewohnte.

Über diese wissenschaftstheoretischen Bezüge hinaus kommt den in dieser Arbeit gewonnenen Ergebnissen jedoch noch eine weitere, direkt auf den Menschen bezogene Bedeutung zu, die einen religionspädagogischen Aspekt beinhaltet, welcher von jeder zeitlichen Einordnung unabhängig, also auch für die Gegenwart relevant ist: Shelley stand gleichsam im Brennpunkt verschiedener - das Theodizeeproblem tangierender - Einflüsse, die simultan auf ihn einwirkten, infolge seiner besonderen Suszeptibilität (vgl. "Einleitung") alle weitgehend von ihm rezipiert wurden und deren Zusammenwirken dann offenbar eine sehr unheilvolle Wirkung auf ihn ausübte - so, als ob man sengende Sonnenstrahlen mit einem Brennglas auf einen Punkt eines leichtentflammbaren Gegenstandes vereinigt hätte. In dem am Ende seines Lebens geschriebenen Gedicht "The Triumph of Life" drückt Shelley seine Verzweiflung ("despair") über die zeitlebens für ihn nicht auflösbare Problematik der Theodizeefrage aus. In den Zeilen 228 - 233 dieses Gedichtes heißt es:

"And much I grieved to think how power and will
In opposition rule our mortal day
And why God made irreconcilable
Good and the means of good; and for despair
I half disdained mine eyes desire to fill
With the spent vision of times that were ..."[1]
(Vgl. auch S. 140 der vorliegenden Arbeit).

Welches sind nun die geistigen Einflüsse, die diese negative Wirkung hervorriefen, und wie kommt diese unheilvolle, ja destruktive Wirkung zustande?

In erster Linie wären hier die Prädestinations- und Willenslehre Calvins sowie der von Hume auf das Wesen und das Leben des Menschen übertragene naturwissenschaftliche Determinismus zu nennen:

Calvin empfand offenbar selbst die Last der von ihm vertretenen Lehre, Gott könne Menschen ohne Rücksicht auf deren eigenes Bemühen und ihren Lebenswandel im voraus zur ewigen Verdammnis verurteilen: Obgleich Calvin einerseits diese Lehre als schriftgemäß empfand, bezeichnet er sie dennoch selbst - in seiner "Institutio" von 1559 - als "schrecklich" ("Decretum quidem horribile").[2] Eine positive, - d.h. Gottes Gerechtigkeit durchgängig bejahende - Antwort auf die Theodizeefrage läßt sich aus dieser Sicht der Dinge sicherlich nicht gewinnen. Es erscheint daher verständlich, daß von Calvin berichtet wird, er habe aus dem besagten Grund die Unvollkommenheiten des irdischen Daseins nur schwer - d.h. nur durch den Glauben und die Hoffnung auf ein besseres Jenseits - ertragen. O. Ritschl schreibt hierzu (mit Bezug auf Calvin):

"Daher ertrug er auch die Unvollkommenheiten des irdischen Daseins nur schwer und beurteilte die Welt in hohem Grade pessimistisch. Umso wichtiger war ihm die durch Gottes Verheißungen gesicherte Aussicht auf die jenseitige Vollkommenheit des himmlischen Reiches ...".[3]

Dies bedeutet: Das Dilemma, welches sich für den Menschen aus der durch die Calvinistische Prädestinationslehre bedingten Unlösbarkeit des Theodizeeproblems ergibt, ist hier nur durch einen alle Vernunft übersteigenden Glauben - d.h. einen Glauben an die Verheißungen der göttlichen Offenbarung - behebbar bzw. erträglich. Ähnlich liegen die Verhältnisse ja auch im heutigen Calvinismus, in dem man die Aporien der Calvinistischen Willensfreiheitslehre im Lichte der übernatürlichen Offenbarung aufzulösen versucht (vgl. Kapitel I.9 dieser Arbeit).

Noch deutlicher tritt die analoge Schwierigkeit bei Luther zutage, der ebenfalls eine weitgehende Unfreiheit des menschlichen Willens annahm. (Vgl. Kapitel I.6 dieser Arbeit). Ebenso wie Shelley verzweifelte auch Luther zeitweise angesichts der Konsequenzen, die sich aus dieser Willenslehre ergaben bzw. ergeben. Teilweise erhebt Luther die gleichen Anklagen gegen Gott wie Shelley; man glaubt zeitweise, Shelley zu vernehmen, wenn man Luthers Worte aus "De servo arbitrio" liest. So heißt es dort z.B.:

> "Aber auch Bildreden helfen hier nicht, noch entgeht man der Absurdität. Denn es bleibt nach dem Urteil der Vernunft absurd, daß jener gerechte und gute Gott vom freien Willen Unmögliches fordert; und obwohl der freie Wille Gutes nicht wollen kann, und notwendigerweise der Sünde dient, es ihm trotzdem anrechnet; und wo er ihm den Geist nicht mitteilt, keineswegs gerechter und milder handelt, als wenn er verstockt oder zuläßt, daß verstockt wird. ...".[4]

Und weiter bei Luther:

> "Dies kränkt allerdings jene allgemeine Ansicht oder natürliche Vernunft zutiefst: Daß Gott, bloß, weil er will, Menschen verläßt, verstockt und verdammt, als ob er, von dem so große Barmherzigkeit und Güte gepredigt wird, an den Sünden und den großen, ewigen Qualen der Elenden (miseri) seinen Spaß hätte. Das von Gott zu denken, erschien unbillig, grausam, unerträglich, und daran haben so viele bedeutende Männer durch viele Jahrhunderte Anstoß genommen. Und wer sollte auch nicht Anstoß nehmen? Ich selbst habe mehr als einmal Anstoß genommen, bis in die Tiefe und den Abgrund der Verzweiflung (abyssus desperationis), so daß ich wünschte, niemals als Mensch geschaffen zu sein - bevor ich wußte, wie heilsam (salutaris) jene Verzweiflung ist und wie nahe der Gnade. ...".[5]

Auch Luther kann diese Aporie nur durch einen stark emotional verankerten Glauben überwinden:

> "... Denn es bleibt nach dem Urteil der Vernunft absurd, daß jener gerechte und gute Gott vom freien Willen Unmögliches verlangt. ... Aber Glaube und Geist (fides et spiritus) urteilen anders: Sie glauben Gott gut, auch wenn er alle Menschen verderben würde ...".[6]

Otto Ritschl berichtet in seiner "Dogmengeschichte des Protestantismus", auch Luther habe zeitweise die Lehre von der doppelten Prädestination vertreten und entsprechend darunter gelitten. Er schreibt wörtlich:

"Andererseits war seine persönliche theologische Auffassung der göttlichen Gnade und ihrer Offenbarung nur aus den Seelennöten und inneren Kämpfen zu verstehen gewesen, in die er durch die praktische Anwendung des Reprobationsgedankens auf sich selbst und sein eigenes Geschick hineingeraten war. Das Ergebnis dieser Entwicklung des religiösen Denkens waren der Gewinn der befreienden Überzeugung von der auch ihm geltenden Gnade Gottes und eine starke Scheu vor allem Grübeln über die Reprobation. Gedanken von dieser Art, die nur allzu leicht wieder Zweifel an der eigenen Erwählung mit sich brachten, beurteilte er schon bald nur noch als Anfechtungen der christlichen Heilsgewißheit durch den Teufel. Daher mied er sie je länger, je geflissentlicher und wünschte überhaupt, daß man sie sich fernhalten und um so fester allein auf Gottes in Christus offenbare Gnade verlassen solle."[7]

Auch Hume sah sich durch seine deterministische Auffassung in unlösbare Widersprüche verstrickt. Da es ihm nicht möglich war, diese - wie Luther und Calvin - durch einen irrationalen Glauben zu überwinden, wandte er sich - gleichsam in Panik - von jenen Fragen ab, die ihm dieses "endlose Meer von Widersprüchen und Zweifeln" beschert hatten. Auf S. 108 der "Enquiry Concerning Human Understanding" heißt es:

"To reconcile the indifference and contingency of human actions with prescience; ... and yet to free the Deity from being the author of sin, has been found hitherto to exceed all the power of philosophy. Happy, if she thence sensible of her temerity, when she pries into these sublime mysteries; and leaving a scene so full of obscurities and perplexities, return, with suitable modesty, to her true and proper province, the examination of common life; where she will find difficulties enough to employ her enquiries, without launching into so boundless an ocean of doubt, uncertainty, and contradictions!" (Vgl. auch Kapitel I.5 dieser Arbeit).

Für Shelley nun schien keiner dieser beiden aufgezeigten Wege, sich aus dem "Meer der Zweifel und Widersprüche" zu befreien, gangbar: Weder wandte er sich von der Theodizeefrage ab - sie ließ ihn zeitlebens nicht los (vgl. Kapitel I.8 dieser Arbeit) - noch auch besaß er einen ausreichend starken emotional verankerten Glauben, um - wie Luther oder Calvin - die entstehenden Schwierigkeiten zu überwinden:

Es wurde bereits erwähnt, daß - im Gegensatz zu der Zugehörigkeit des Dichters Shelley zur Romantik - sein Glaubensbegriff stark durch die Rationalität der Aufklärung geprägt war: "No testimony (of belief) can be admitted which is contrary to reason", heißt es in der Schrift "The Necessity of Atheism"[8] (vgl. auch Kapitel I.4 dieser Arbeit). Die Aporie, die sich für Shelley im Zusammenhang mit der Theodizeefrage ergab, stand tatsächlich der Vernunft entgegen ("contrary to reason", s.o.). Und auf einen emotional verankerten Glauben konnte Shelley NICHT zurückgreifen:

Der Gott der Bibel war nie der Gott seines Herzens gewesen: Als solchen hatte er ihn auch in seinem Elternhaus nicht kennengelernt bzw. erlebt: Shelleys Biographen berichten, in Shelleys Elternhaus sei es üblich gewesen, daß die Dienstboten - und nur diese - zum sonntäglichen Gottesdienst gingen, da ihnen dies von ihrer Herrschaft als Pflicht auferlegt wurde, während die Herrschaft sich selbst von dieser Verpflichtung entband: Gott - ein Gott der Dienstboten! Entsprechend fiel Shelleys religiöse Erziehung im Elternhaus recht oberflächlich aus, was als eine wesentliche Ursache seines lebenslangen Skeptizismus anzusehen ist. Thomas Medwin - einer der Shelley-Biographen - schreibt hierzu: "... his want of religious education at home ... produced in a great manner his scepticism ...".[9]

In alledem zeigt sich die Gefahr, die jene die menschliche Willensfreiheit leugnenden philosophischen wie theologischen Einflüsse für einen suszeptiblen Menschen darstellen, der nicht über einen starken emotional verankerten Glauben verfügt, welcher - gleichsam als Schutzschild wirkend wie im Falle Luthers und Calvins - Gefahren abwenden und den Menschen vor Verzweiflung bewahren kann.

Die vorliegende Studie leistet demnach einen Beitrag zur Shelley-Forschung, indem sie Interpretationen liefert, die in dieser Forschung bisher noch fehlten. Ebenso stellt sie einen Beitrag zur Geschichte des Theodizeeproblems dar. Sollte diese Arbeit darüberhinaus durch Hinweis auf die obengenannten Gefahren auch der Religionspädagogik von Nutzen sein oder dem Leser eine existentielle Hilfe liefern können, so wäre dies im Sinne der Autorin.

Anmerkungen

(Soweit die Titel der zitierten Werke hier nicht in vollem Umfang angegeben sind, finden sie sich im Literaturverzeichnis am Ende der Arbeit)

Zur Einleitung

1 In der Überlieferung des Lactantius, De ira dei 13, 20f; Darmstadt 1957; S. 47

2 Vgl. Lexikon für Theologie und Kirche, Band 10, Sp. 26

3 De lib. arbitrio II, 4

4 Dorothee Sölle, "Kirche ist auch außerhalb der Kirche", S. 5

5 Shelley, Poetical Works (ed. Hutchinson)

6 Altwicker, Norbert; Einleitung zu: Altwicker (Herausgb.): Texte zur Geschichte des Spinozismus, Darmstadt 1971; S. 1/2

7 Wasserman, Shelley - A Critical Reading, S. 12

8 Barnard, Shelley's Religion, S. 38

9 ibid.; S. 60/61

10 Shelley, Complete Works, vol. 7; S. 259

11 Reiman, "Shelley's Triumph of Life" - A Critical Study, S. 47

12 Reiman, "Shelley's Triumph of Life"

Zu Kapitel I.1

1 Politeia II, 379

2 Theaitet 176 a

3 Nomoi 897 a - d

4 Nomoi 903 c

5 De Civ. Dei XII, 3; XXII, 26

6 De Civ. Dei I, 8

7 C. Secundum Man. 15

8 Conf. VII, 19 und Civ. Dei XVI, 8

9 De Div. Sap. 89

Anmerkungen

10 Ench. 27 100

11 De Civ. Dei XXI, 26

12 Adv. haer. IV 37, 1 bzw. III 18, 1

13 De princ. II 10, 4f

14 De princ. I 6, 1 und 3

15 Vgl. LThK, Bd. 1, Sp. 709/710

16 Vgl. LThK, Bd. 5, Sp. 446

17 De cons. phil. IV, 6

18 Abaelard, Theolog. christ. V 1321

19 Nicolaus Cusanus, De ludo globi, ed. 1514, I 154

20 Leibniz, "Essay de théodicée sur la bonté de Dieu et la liberté de l'homme et l'origine du mal" von 1710

21 S. c. g. III, 7177

22 Vgl. Hans Blumenberg, Einleitung zu: Die Kunst der Vermutung, S. 43

23 De libero arbitrio I, 6, 1; Confessiones XIII, 9, 10

24 De lib. arbitrio I 4

Zu Kapitel I.2

1 Vgl. Brugger, Philosophisches Wörterbuch, S. 288

2 Vgl. z.B. J. Kremer, das Problem der Theodizee in der Philosophie des 18. Jahrhunderts, Berlin 1909

3 ibid. S. 11

4 Michael Schmaus, Elemente einer christlichen Geschichtstheologie, in: Sinn und Sein (Herausgeber Richard Wisser), München 1960, S. 790 - 794

5 Ench. 27 100

6 Michael Schmaus, Elemente einer christlichen Geschichtsphilosophie, in: Sinn und Sein, Tübingen 1960, S. 781

7 ibid. S. 782

8 "Theodizee als Häresie" in: Religion und Philosophie (Herausgb. Oelmüller), S. 167 - 176

Anmerkungen

9 ibid. S. 173

10 Kant, Kritik der reinen Vernunft, Vorrede, B. XXX

11 Augustinus, Sermo 43, c.7, n.9. PL 38, 258

12 Denzinger: D 1806

13 Vgl. Hirschberger, Bd. II, S. 454

14 ibid., S. 455

15 ibid., Bd. I, S. 326

16 Vgl. Friedrich Schillers Gedicht: "Das Ideal und das Leben", Schillers Werke, Bd. I, S. 150/151

17 Hegel, Vorlesg. über die Philosophie der Religion, Werke Bd. 17, .S. 291

18 Nietzsche, Die fröhliche Wissenschaft, § 125, Werke Bd. 2, S. 127

19 Hegel, Werke Bd. 17, S. 291

20 ibid. S. 293

21 Nietzsche, Die fröhliche Wissenschaft, § 125, Werke Bd. 2, S. 127

22 Hirschberger, Geschichte der Philosophie II, S.394

23 Nietzsche, Zur Genealogie der Moral, Werke Bd. II, S. 836/837

24 Marx, Zur Kritik der Hegelschen Rechtsphilosophie in: ders., Frühe Schriften (H.J. Lieber) S. 488/489

25 Marx, Thesen über Feuerbach, in: Frühe Schriften, S. 2 - 4

26 W. Sparn, in: Leiden - Erfahrung und Denken, S. 20

27 Spinoza, Vorlesungen über die Verbesserung des menschlichen Verstandes, S. 6/7

28 Thalheimer/Deborin: Spinozas Stellung in der Vorgeschichte des dialektischen Materialismus, Berlin und Wien 1928, S. 40; Vgl. auch: N. Altwicker (Herausgb.): Texte zur Geschichte des Spinozismus, Seite 110

29 N. Altwicker (Herausgb.) Texte zur Geschichte des Spinozismus, S. 19

30 Spinoza, Ethik I, 7; Anmerkung zu 1. Lehrsatz

31 N. Altwicker, Texte zur Geschichte des Spinozismus, S. 2

Zu Kapitel I.3

1 J. Kremer, Das Problem der Theodizee in der Philosophie und Literatur des

Anmerkungen

18. Jahrhunderts, Berlin 1909, S. 9

2 A. Fowler, Einleitung zu: Milton, Paradise Lost, New York 1986, S. 35

3 Brockhaus Bd. 22, S. 17

4 Vgl. hierzu: Paul Jacobs, Prädestination und Verantwortung bei Calvin, Darmstadt 1968, S. 4

5 Kant: "Über das Mißlingen aller philosophischen Versuche über die Theodizee." in: Berlinische Monatshefte, September 1794, Seite 194

6 J. Kremer, Das Problem der Theodizee, S. 17

7 ibid. S. 19

8 Vgl. Sparn, Leiden, S. 48/49

9 Vgl. zu den Kontroversen innerhalb des Calvinismus: Kremer, Das Problem der Theodizee, S. 17 - 19

10 Vgl. Günther Gawlick, Einleitung zu: Humes Dialoge über natürliche Religion, Fußnote zu Seiten XXIX und XXX

11 Vgl. "The Christ Church Collection Books, Vol. 5" der Universität Oxford

12 Vgl. Thomas J. Hogg, The Life of P.B. Shelley, London 1858

13 John Ellis, Defensio Fidei, London 1660, S. 42

14 ibid. S. 42/43

15 Bei Milton heißt es in De Doctrina Christiana, (Works, Vol. XIV, S. 86): "Quod tamen nonnulli diem per fas nefasque oppugnare moliuntur, non dubitant Deum asseverare causam per se peccati et auctorem..."

16 Vgl. Milton, Works, Vol. XIV, New York 1933

17 Vgl. Kremer, Das Problem der Theodizee, S. 18

18 Vgl. A. Droop, Die Belesenheit P.B. Shelleys, Hannover 1906, S. 61

19 Vgl. "The Critical Spirit and The Will to Believe" (ed. Jasper/Wright), London 1989, S. 9

20 Sterne, Laurence, The Life and Opinions of Tristram Shandy, Penguin 1981, S. 289

21 ibid. S. 33

22 Vgl. A. Droop, Die Belesenheit P.B. Shelleys, S. 60

23 Goethe, J.W. von, Wilhelm Meisters Lehrjahre; Goethes Werke, Hamburg 1950, Bd. 7, S. 136

24 Vgl. Droop, Die Belesenheit Shelleys, S. 125; sowie Medwin, The Life of P.B.

Anmerkungen

Shelley, Oxford 1913, Vol. I, S. 31

25 Alison Milbank, The Gothic Mode of Questioning in: The Critical Spirit and the Will to Believe (ed. Jasper/Wright), S. 105

26 Vgl. Droop, Die Belesenheit Shelleys, S. 104 - 108

Zu Kapitel I.4

1 A Refutation of Deism, Complete Works, Vol. 5, S. 42

2 On the Necessity of Atheism, Complete Works, Vol. 5, S. 207

3 ibid., S. 209

4 Brief an Elizabeth Hitchener vom 12. Januar 1811

5 E. Barnard, Shelley's Religion, New York 1964, Fußnote auf S. 41

6 A Refutation of Deism, Complete Works, Vol. 6, S. 33

7 Vgl. Droop, Die Belesenheit Shelleys, S. 96

8 A Refutation of Deism, Complete Works, Vol. 6, S. 49

9 Articles of Religion, zitiert nach: The Book of Common Prayer, S. 376 - 382

10 E. Barnard, Shelley's Religion, S. 37

11 Queen Mab, VI, Zeilen 104 - 110, Poetical Works, Hutchinson, S. 785

12 A Refutation of Deism, Complete Works, Vol. 6, S. 35

13 ibid. S. 34

14 ibid. S. 36/37

15 ibid. S. 42/43

Zu Kapitel I.5

1 Wasserman, Shelley - A Critical Reading, S. 12

2 Hume, Dialoge über natürliche Religion, S. 207/208

3 ibid. S. 212

4 Hume, An Enquiry Concerning Human Understanding, S. 84/85

5 ibid. S. 85

Anmerkungen

6 ibid. S. 91

7 ibid. S. 103/104

8 ibid. S. 107/108

9 ibid. S. 146

10 ibid. S. 146/147

11 Hume, Dialoge über natürliche Religion, S. 102

12 ibid. S. 93

13 Enquiry Concerning Human Understanding, S. 105

14 Shelley, A Refutation of Deism, Complete Works, Vol. 6, S. 42/43

15 ibid. S. 42/43

16 Droop, Die Belesenheit Shelleys, S. 43

17 H. Viebrock; Wer ist Demogorgon?, S. 120

18 Complete Works, Vol. VII, S. 213/214

19 Dialogues Concerning Natural Religion, S. 138

Zu Kapitel I.6

1 Encyclopaedia of Religion, Vol. V, S. 428

2 Calvin III, 21, 5, Vgl. Jacobs, Prädestination und Verantwortlichkeit, S. 53/54

3 Denzinger: D 1567

4 Calvin, Predigt zu Eph. 1, 3 (51, 256), Vgl. Jacobs, Prädestination und Verantwortlichkeit, S. 80

5 Calvin, II, 2, 7, Vgl. Jacobs, Prädestination und Verantwortlichkeit, S. 99

6 Calvin, 6, 280, Vgl. Jacobs, Prädestination und Verantwortlichkeit, S. 153

7 Vgl. Walter Hübner, Die Stimmen der Meister, S. 218/219

8 De servo arbitrio, Werke Bd. 3, S. 200

9 ibid. S. 215

10 ibid. S. 176

11 Dreher, Willensfreiheit, S. 154

Anmerkungen

12 LThK, Band 4, Sp. 332, Denzinger, Enchiridion Symbolorum, S. 378, (D 1554; D 1555; D 1557)

13 Ott, Grundriß der Dogmatik, S. 297

14 Calvin, II, 3, 13, Vgl. Jacobs, Prädestination und Verantwortlichkeit, S. 135

15 Paul Jacobs, Prädestination und Verantwortlichkeit, S. 135

16 Calvin, II, 3, 5, Vgl. Jacobs, Prädestination und Verantwortlichkeit, S. 99

17 Vgl. Ott, Grundriß der Dogmatik, S. 272 - 325

18 Denzinger: D 1551; D 1554; D 1555; D 1557

19 Calvin, II, 3, 5

20 Vgl. LThK, Band 4, Spalte 333

21 Calvin, III, 23, 8

22 Paul Jacobs, Präd. und Verantwortlichkt., S. 155

23 ibid. S. 222

24 Geschichte der christlichen Ethik, S. 474/475

25 Geschichte der Protestantischen Theologie, Leipzig 1862, S. 81/82

26 Bicknell, Introduction to Articles, S. 20

27 Common Prayer Book, S. 378

28 ibid. S. 377

29 ibid.

30 Defensio Fidei, S. 43

31 Theology of the English Reformers, S. 53

32 Common Prayer Book, S. 378/379

33 Calvin, III, 23, 1

34 Jacobs, Prädestination und Verantwortung, S. 55

35 Bicknell, Introduction to Articles, S. 289

36 ibid. S. 21

37 ibid. S. 189

38 ibid. S. 284/285

39 Hughes, Theology of English Reformers, S. 69

40 ibid. S. 72

Anmerkungen

41 ibid. S. 52

42 Complete Works, Vol. 6, S. 33

43 ibid.

44 LThK, Bd. 8, Sp. 671

45 Ellis, Defensio Fidei, S. 63

46 ibid. S. 42/43

47 Calvin, III, 23, 8

48 Complete Works, Vol. 6, S. 33

49 Ellis, Defensio Fidei, S. 42

50 Encyclopaedia of Religion, Vol. V, S. 428

51 Reiman, Shelley's Poetry and Prose, S. XVII

52 LThK, Bd. 6, Sp. 360/61; LThK, Bd. 8, Sp. 723/25

53 LThK, Bd. 1, Sp. 1234

Zu Kapitel I.7

1 Complete Works, Vol. 7, S. 259; Shelley übersetzte Platons "Staat", Buch II, 379 (Vgl. Barnard, Shelley's Religion, S. 60/61)

2 E. Barnard, Shelley's Religion, S. 60

3 Shelley, Essay on Christianity, Complete Works, Vol. 6, S. 235

4 Shelley, Poetical Works (ed. Hutchinson), S. 45/46

5 E. Barnard, Shelley's Religion, S. 96

6 Welburn, Power and Self-Consciousness in the Poetry of Shelley, S. 187

7 E. Barnard, Shelley's Religion, S. 85

8 Donald H. Reiman, "The Triumph of Life" - A Critical Study, S. 47

9 Vgl. H. Viebrock, Wer ist Demogorgon?, S. 120

10 Essay on Christianity, Complete Works, Vol. 6, S. 233

11 ibid. S. 235/36

12 ibid. S. 236

13 Oxford English Dictionary, Vol. V, S. 28, Sp. 3

Anmerkungen

14 ibid. S. 29, Sp. 1

15 Shelley's Prose in the Bodleian Manuscript (ed. by André H. Koszal), London 1910, S. 9 - 12; Vgl. Barnard, Shelley's Religion, S. 33

16 Shakespeare, William, The Illustrated Stratford Shakespeare, S. 1019

17 Complete Works of P.B. Shelley, ed. Roger Ingpen, London 1914, Vol. 6, S. 9

Zu Kapitel I.8

1 P. B. Shelley, Letters (Jones), Vol. I, S. 255 (Vgl. Dawson, The Unacknoledged Legislator, S. 80/81)

2 Brief an Godwin vom 03.06.1812, vgl. Hogg, The Life of P. B. Shelley, S. 126; vgl. Droop, Die Belesenheit Shelleys, S. 106

3 Godwin, Political Justice, Vol. II, S. 388/89, vgl. Dawson, The Unacknowledged Legislator, S. 87

4 Vgl. Dawson, The Unacknowledged Legislator, S. 87

5 Godwin, Political Justice, Vol. I, S. 246, vgl. Dawson, The Unacknowledged Legislator, S. 97

6 Condorcet, Esquisse d'un tableau des progès de l'esprit humain, Vol. II, Paris 1883, S. 66

7 Shelley, Letters (Ingpen), Vol. I, S. 91 - 93; vgl. Barnard, Shelley's Religion, S. 30

8 Vgl. hierzu Droop, Die Belesenheit Shelleys, S. 43

9 Brief an Hogg vom 12.01.1811, vgl. Droop, Die Belesenheit Shelleys, S. 43

10 Wasserman, Shelley: A Critical Reading, S. 3; dabei zitiert Wasserman, wie er selbst angibt, aus Briefen Shelleys vom 3. Januar bzw. 19. Oktober 1811

11 Dawson, The Unacknowledged Legislator, S. 91

12 Letters (Ingpen), Vol. II, S. 905, vgl. Barnard, Shelley's Religion, S. 4

13 Shelley, Poetical Works, (Hutchinson), S. 575

14 Horst Höhne, Einführung zu: P. B. Shelley, Ausgewählte Werke, S. 33

15 Shelley, The Moral Teaching of Jesus Christ, Complete Works, Vol. VI, S. 255

16 Shelley, Poetical Works (Hutchinson), S. 207

17 ibid. S. 33

18 Shelley, A Defense of Poetry, Complete Works, Vol. VII, S. 140

Anmerkungen

19 ibid, S. 112

20 Fragment II, The Complete Works of Shelley, ed. Ingpen, London 1914, Vol. 6, S. 121

21 Platons "Gastmahl", in der Übertragung von E. Müller, Wiesbaden 1947, Seiten 47 - 50

22 A Refutation of Deism, Complete Works, Vol. VI, S. 30

23 ibid. S. 43

24 Letters (Jones), Vol. I, S. 99 - 101

25 Letters (Ingpen), I, S. 40 - 43, vgl. Barnard, Shelley's Religion, S. 27

26 Droop, Die Belesenheit P. B. Shelleys, S. 7

27 Augustinus, Conf. XIII, 9, 10

28 Brief vom 08.05.1881, Letters (Ingpen), Vol. I, S. 6

29 Vgl. Droop, Die Belesenheit Shelleys, S. 98/99

30 ibid. S. 114

31 Vgl. Hirschberger, Gesch. der Phil., Bd. II, S. 204/205

32 Wasserman, A Critical Reading, S. 139

33 ibid.

34 Vgl. Hogg, The Life of P. B. Shelley, Vol. I, S. 99 bzw. 102

35 Droop, Die Belesenheit Shelleys, S. 28

36 Vgl. Barnard, Shelley's Religion, S. 19; 20

37 ibid. S. 20

38 Höhne, Einführung zu: Shelley, Ausgewählte Werke, S. 15

39 Barnard, Shelley's Religion, S. 19

Zu Kapitel I.9

1 Kant: Kritik der reinen Vernunft, B 562 f; 581 f; 566 f

2 N. Hartmann, Aufbau der realen Welt, 1942; Neue Wege der Ontologie, 1941

3 O. Marquard, Schwierigkeiten mit der Geschichtsphilosophie, S. 65

4 Nicola Abbagnano, Wissenschaft und Freiheit; in: R. Wisser, (Herausgb.) Sinn und Sein, S. 526/527

Anmerkungen

5 Dreher, Willensfreiheit, S. 187/188

6 ibid. S. 208

7 Aloys Wenzel, Philosophie der Freiheit II, S. 23

8 Dreher, Willensfreiheit, S. 164

9 Doctrine in the Church of England, S. 52/53

10 Dreher, Willensfreiheit, S. 164/165

11 Jacobs, Prädestination und Verantwortlichkeit bei Calvin, S. 139

12 Vgl. Brugger, Philosophisches Wörterbuch, S. 387

13 Sparn, Leiden - Erfahrung und Denken, S. 254

14 Vgl. Encyclopaedia of Religion, Vol. XIV, S. 432/433

15 Vgl. Lexikon für Theologie und Kirche, Bd. 5, Sp. 448

16 ibid. Bd. 10, Sp. 433

17 Erich Becher, Einführung in die Philosophie, Berlin, München 1949

18 Robert Spaemann: "Die christliche Lehre vom Leiden" in: Oelmüller, Religion und Philosophie, Bd. 3, S. 104 - 110

19 Paul Tillich, Synthetische Theologie, Bd. I, S. 303 - 311

20 Dorothee Sölle, Kirche ist auch außerhalb der Kirche, S. 5

21 Hagelstange, Rudolf, Lied der Jahre, Frankfurt am Main 1961, S. 7/8

22 T. S. Eliot, Four Quartets, S. 44

Zu Kapitel II.1.b

1 Wasserman, Shelley: A Critical Reading, S. 139

2 ibid. S. 227

3 ibid. S. 234

4 H. Bloom, Shelley's Mythmaking, S. 35

5 ibid. S. 30

6 Shelley, Ausgewählte Werke (Herausgb. H. Höhne), S. 95

7 Wasserman, Shelley: A Critical Reading, S. 238

8 Peter Butter, Shelley's Idols of the Cave, S. 123/4

Anmerkungen

9 Bloom, Shelley's Mythmaking, S. 30

10 Letters (Jones), I, S. 497, vgl. Wasserman, A Critical Reading, S. 136

11 Wasserman, A Critical Reading, S. 136

Zu Kapitel II.1.c

1 De doct. christ. I, 7, 7

2 Addison, The Spectator, Vol. III, S. 540

3 Dugald Stewart, Philosophical Essays, S. 368

4 Vgl. Droop, Die Belesenheit Shelleys, S. 32

5 Vgl. Angela Leigthon, Shelley and the Sublime, S. 9 - 13

6 ibid. S. 13

7 ibid. S. 11/12

8 Vgl. Rudolf Otto, Das Heilige, S. 10

9 ibid. S. 85

10 ibid. S. 10

Zu Kapitel II.1.d

1 Shelley, Poetical Works (Hutchinson), S. 331

2 Shelley, Ausgewählte Werke (ed. Höhne), S. 87 - 92

3 ibid. S. 97

4 ibid. S. 95

5 Angela Leighton, Shelley and the Sublime, S. 96

6 Vgl. Bloom, Shelley's Mythmaking, S. 11

7 Letters (Ingpen), Vol. II, S. 513

Zu Kapitel II.1.e

1 Bloom, Shelley's Mythmaking, S. 11

Anmerkungen

2 Vgl. Coleridge, Poetry and Prose, Oxford 1973, S. 182 f

3 Bloom, Shelley's Mythmaking, S. 16

4 Vgl. hierzu: ibid. S. 11/12

5 Wackenroder, Schriften, Hamburg 1968, S. 56

6 Bloom, Shelley's Mythmaking, S. 25

7 Hilary Fraser, Science and Religion and the Pre-Raphaelites, in: Jasper/Wrigth (eds.), The Critical Spirit and the Will to Believe, S. 62/63

Zu Kapitel II.2.a

1 Droop, Die Belesenheit Shelleys, S. 75

2 Siehe: Mrs. Shelley's Notes on Revolt of Islam, in: Shelley, Poetical Works (Hutchinson), S. 156 - 158

3 Einleitung zu Essay on Christianity, Complete Works, (ed. Ingpen), 1914, Vol. 5, S. 11

Zu Kapitel II.2.c

1 H. Viebrock, Wer ist Demogorgon?, S. 115

2 Poetical Works (Hutchinson), S. 271

3 Droop, Die Belesenheit Shelleys, S. 106

4 Complete Works, Vol. I, S. 55

5 Hirschberger, Geschichte der Philosophie, Bd. II, S. 410

Zu Kapitel II.2.d

1 Poetical Works (Hutchinson), S. 205

2 Paradise Lost, Book I, Zeile 638

3 Poetical Works (Hutchinson), S. 205

4 Höhne, Einführung zu: Shelley, Ausgewählte Werke, S. 47

5 Poetical Works (Hutchinson), S. 205

Anmerkungen

6 Höhne, Einführung zu: Shelley, Ausgewählte Werke, S. 48

7 Vgl. Paradise Lost, Book I, Zeilen 209 - 220

8 Poetical Works (Hutchinson), S. 205

9 H. Viebrock, Wer ist Demogorgon?, Sitzungsbericht der Wissenschaftlichen Gesellschaft der Universität Frankfurt/M., Bd. 9, Jahrgang 1970, Nr. 4, S. 110 ff

10 ibid. S. 115

11 Bloom, Shelley's Mythmaking, New Haven 1959

12 ibid. S. 61

13 ibid. S. 57

14 ibid. S. 48/49

15 The Cambridge Guide to Literature in English, S. 99

16 Paradise Lost, Book I, Zeile 26

17 Bloom, Shelley's Mythmaking, S. 50

18 ibid. S. 52

19 Vgl. A. Fowler, Einleitung zu: Paradise Lost, New York 1986

20 Droop, Die Belesenheit Shelleys, S. 74

21 ibid. S. 75

22 H. Viebrock, Wer ist Demogorgon?, S. 120

23 H. Viebrock, Der böse Adler und die gute Schlange, S. 337

24 Revolt of Islam I, XXIX, Zeile 379, Poetical Works (Hutchinson), S. 46

25 H. Viebrock, Wer ist Demogorgon, S. 126

26 H. Viebrock, Der böse Adler und die gute Schlange, S. 344

27 Ernst Bloch, Das Prinzip Hoffnung, Kapitel 53

28 Vgl. LThK, Band 9, Sp. 409

29 Hübner, Die Stimmen der Meister, S. 78 - 81

30 Droop, Die Belesenheit Shellys, S. 45

Zu Kapitel II.2.e

1 H. Bloom, Fußnote zu: Romantic Poetry and Prose, Bloom/Trilling (eds.), S. 439

Anmerkungen

2 Shelley, A Refutation of Deism, Complete Works, Vol. VI, S. 52

3 Bloom/Trilling (eds.), Romantic Poetry and Prose, S. 39

Zu Kapitel II.2.f

1 H. Bloom, Fußnote zu: Romantic Poetry and Prose, Bloom/Trilling (eds.), S. 442

2 ibid. S. 35

3 ibid. S. 36

Zu Kapitel II.3.b

1 Donald H. Reiman, Shelley's "The Triumph of Life", A Critical Study, Urbana 1965, S. 47

Zu Kapitel II.3.c

1 H. Bloom, Fußnote zu: Romantic Poetry and Prose, Bloom/Trilling (eds.), S. 485

2 Donald H. Reiman, Shelley's "The Triumph of Life", A Critical Study, Urbana 1965, S. 111

3 Vgl. Shelley, Essay on Life, Complete Works, Vol. VI, S. 194

4 Reiman, Shelley's "Triumph of Life", A Critical Study, S. 111

Zu Kapitel II.3.d

1 Donald H. Reiman, The Triumph of Life - The Biographical Problem, in PMLA, LXX VII, December 1963

2 Reiman, Shelley's "Triumph of Life", A Critical Study, S. 41

3 Vgl. D. H. Reiman, Shelley's "Triumph of Life", A Critical Study, S. 85

4 ibid. S. 86

5 Shelley, Poetical Works (Hutchinson), S. 207

6 Shelley, A Defence of Poetry, Complete Works, Vol. VII, S. 140

7 Plato, Das Gastmahl, S. 47 - 50

Anmerkungen

8 Webb, The Violet in the Crucible, S. 71

9 P. E. More, Shelburne Essays, S. 8/9

10 Letters (Jones), Vol. II, S. 125

11 Fragment II, The Complete Works of P. B. Shelley, ed. by Roger Ingpen, Vol. 6, London 1914, S. 121

12 Shelley, A Defence of Poetry, Complete Works, Vol. VII, S. 136

13 Shelley, Ode to the Westwind, Zeilen 63 - 69, Poetical Works (Hutchinson), S. 579

Zu Kapitel II.3.e

1 Angela Leighton, Shelley and the Sublime, S. 155/56

2 Politeia 505 c ff

3 Donald H. Reiman, Shelley's "The Triumph of Life", A Critical Study, S. 66

4 E. Barnard, Shelley's Religion, S. 84

Zu Kapitel II.3.f

1 Dawson, The Unacknowledged Legislator, S. 271

2 Angela Leighton, Shelley and the Sublime, S. 169

3 A. Welburn, Power and Self-Consciousness in the Poetry of Shelley, London 1986

4 H. Bloom, Shelley's Mythmaking, S, 271

Zu Kapitel II.3.g

1 H. Bloom, Fußnote zu: Romantic Poetry and Prose, Bloom/Trilling (eds.), S. 482

2 Donald H. Reiman, Shelley's "Triumph of Life", A Critical Study, S. 84

3 ibid. S. 83

4 Böries Freiherr von Münchhausen, Das Balladenbuch des Böries von Münchhausen, S. 181 - 184

Anmerkungen

Zum Schluß

1 Shelley, Poetical Works, ed. Hutchinson, S. 512/513

2 Calvin, Institutio von 1559, III, 23, 7

3 Ritschl, Die Reformierte Theologie des 16. und 17. Jahrhunderts, S. 167

4 Luther, De servo arbitrio, in: Luthers Werke in Auswahl (Herausgb. Otto Clemens) 3. Bd., Berlin 1959, S. 202

5 De servo arbitrio, S. 205 ff

6 De servo arbitrio, S. 202

7 Ritschl, Die Reformierte Theologie, S. 1

8 Shelley, Complete Works, Vol. 5, S. 207

9 Medwin, The Life of P. B. Shelley, Oxford, 1913, S. 442

Literaturverzeichnis

Primärliteratur

The Complete Works of Shelley, eds. Roger Ingpen and Walter E. Peck, London 1926 - 30; Vol. I-X. (hier zitiert als "Complete Works").

The Complete Works of Shelley, ed. Roger Ingpen, London 1914.

Shelley, Poetical Works, ed. by Thomas Hutchinson, Oxford 1988. (zitiert als "Poetical Works (Hutchinson)").

Shelley's Prose in the Bodleian Manuscript, ed. by André H. Koszul, London 1910.

The Letters of P. B. Shelley, ed. by Frederick J. Jones, Oxford 1964. (zitiert als "Letters (Jones)").

The Letters of P. B. Shelley, ed. by R. Ingpen, London 1914. (zitiert als "Letters (Ingpen)").

Shelley, Ausgewählte Werke, Dichtung und Prosa, (Herausgeber H. Höhne), Frankfurt am Main 1990.

Sekundärliteratur

Abbagnano, Nicola
"Wissenschaft und Freiheit" in: R. Wisser (Herausgb.) Sinn und Sein, Tübingen 1960

Addison, Joseph
The Spectator, ed. Donald F. Bond, Oxford 1965

Altwicker, Norbert
Texte zur Geschichte des Spinozismus, Darmstadt 1971

Barnard, Ellsworth
Shelley's Religion, NY 1964

Bender, W. und Deninger, J.
Religionskritik I, München 1981

Bicknell, E. J.
A Theological Introduction to the Thirty-Nine Articles of the Church of London (1919) 1948

Bloch, Ernst
Das Prinzip Hoffnung, Frankfurt am Main 1959

Bloom, Harold
Shelley's Mythmaking, New Haven 1959

Bloom, Harold und Trilling, L. (Herausgb.)
Romantic Poetry and Prose, Oxford 1973

Blumenberg, Hans
Einleitung zu: Nikolaus von Cues, Die Kunst der Vermutung, Bremen 1957

Butter, Peter
Shelley's Idols of the Cave, Edinburgh 1954

Calvin, Johannes
Johannis Calvini opera quae supersunt omnia / Ediderunt G. Baum, E. Cunitz, E. Reuss / Brunsvigae 1863 / 1900 Vol. I - LIX. (= Co). (Zitiert wird aus den Werken der Co, z.B. 49.111; hingegen wird aus der Institutio von 1559 (= Co 2) jeweils nach Buch, Kapitel und Abschnitt zitiert, also z.B. III, 4, 6), und zwar nach Calvini opera selecta, München 1928/36

Coleridge, Samuel Taylor
Poetry and Prose, Oxford 1973

Condorcet, M. J. A. N.
Esquisse d'un tableau de progrès de l'esprit humain, Vol. II, Paris 1883

Dawson, P. M. S.
The Unacknowledged Legislator, Oxford 1980

Deborin, Alexander
"Die Weltanschauung Spinozas" in: Thalheimer/Deborin, Spinozas Stellung in der Vorgeschichte des dialektischen Materialismus (= Marxistische Bibliothek, Bd. XIII), Berlin und Wien 1928

Dreher, Eduard
Die Willensfreiheit, München 1987

Droop, Adolf
Die Belesenheit Shelleys, Hannover 1906

Eliot, T. S.
Four Quartets, Glasgow 1955

Ellis, John
Defensio Fidei, London 1660

Fowler, Alastair
Einleitung zu: Milton, Paradise Lost, NY 1986

Freud, Sigmund
Der Witz und seine Beziehung zum Unbewußten, 1905

Gawlick, Günther
Einleitung zu: Hume, Dialoge über natürliche Religion, Bochum 1980

Godwin, William
An Enquiry Concerning Political Justice and its Influence on General Virtue and Happiness, London 1793

Goethe, J. W. von
Goethes Werke, Hamburg 1950

Hagelstange, Rudolf
Lied der Jahre, Frankfurt am Main 1961

Hegel, Georg Wilhelm Friedrich
Werke in 20 Bänden, Herausgeber: Eva Moldenhauer u. Karl Markus Michel, Frankfurt am Main 1971

Hartmann, Nicolai
Der Aufbau der realen Welt, 1942

Hartmann, Nicolai
Neue Wege der Ontologie, 1941

Hirschberger, J.
Geschichte der Philosophie, Bd. I, II, Freiburg 1960

Höhne, Horst
Einführung zu: P. B. Shelley, Ausgewählte Werke, Frankfurt am Main 1990

Hogg, Thomas
The Life of P. B. Shelly, Vol. I, II, London 1858

Hübner, Walter
Die Stimmen der Meister, Berlin 1950

Hughes, Philip E.
The Theology of the English Reformers, Grand Rapids, 1980

Hume, David
1. Dialoge über natürliche Religion, Bochum 1980
2. Hume's Dialogues Concerning Natural Religion, London 1947
3. An Enquiry Concerning Human Understanding, Chicago, London 1907

Jacobs, Paul
Prädestination und Verantwortlichkeit bei Calvin, Darmstadt 1968

Jasper, David and Wright, R. (Herausgb.)
The Critical Spirit and the Will to Believe, Houndsmille, London 1989

Kant, Immanuel
"Über das Mißlingen aller philosophischen Versuche über die Theodizee" in: Berlinische Monatshefte, September 1794

Kant, Immanuel
Kritik der reinen Vernunft, Originalausgabe B (= 2. Auflage) von 1787

Kremer, Josef
Das Problem der Theodizee in der Philosophie und Literatur des 18. Jahrhunderts, Berlin 1909

Leighton, Angela
Shelley and the Sublime, Cambridge 1984

Lübbe, Herrmann
"Theodizee als Häresie" in: Religion und Philosophie, (Herausgb. W. Oelmüller), Bd. 3, Paderborn 1986

Luther, Martin
De servo arbitrio, in: Luthers Werke in Auswahl, herausgegeben von Otto Clemens, in 3 Bdn., 5. Auflage, Berlin 1959

Marquard, Odo
Schwierigkeiten mit der Geschichtsphilosophie, Frankfurt am Main 1973

Marx, Karl
Frühe Schriften; herausggb. von H. J. Lieber und Peter Furth, Darmstadt 1962

Medwin, Thomas
The Life of P. B. Shelley, Oxford 1913

Milton, John
Paradise Lost, NY 1971

Milton, John
Works, Vol. XIV, New York 1933

More, Paul Elmer
Shelburne Essay, Seventh Series, NY 1910

Münchhausen, Böries von
Das Balladenbuch des Böries von Münchhausen, Stuttgart / Berlin 1924

Nietzsche, Friedrich
Werke in 3 Bänden, herausggb. von Karl Schlechta, München 1969

Oelmüller, W. (Herausgb.)
Religion und Philosophie, Bd. 3, Leiden; Paderborn 1910

Oelmüller, W. und Dölle-Oelmüller und Ebach und Przybylski
Philosophische Arbeitsbücher 3, Diskurs Religion, Paderborn / München 1982

Ott, Ludwig
Grundriß der Dogmatik, Freiburg 1961

Otto, Rudolf
Das Heilige, München 1963

Plato
Ein Gastmahl; Übertragen von Emil Müller, Wiesbaden 1947

Pulos, C. E.
'The Role of Scepticism in Shelley's Thought' in: "Shelley's Poetry and Prose, Selected and edited by D. H. Reiman", Toronto 1977

Reiman, D. H.
"The Purpose and Method of Shelley's Poetry and Prose", ibid.

Reiman, D. H.
Shelley's "The Triumph of Life", A Critical Study, Urbana 1965

Reiman, D. H.
Shelley's "The Triumph of Life", The Biographical Problem, PMLA, LXX VII, December 1963

Ritschl, A.
Die reformierte Theologie des 16. und 17. Jahrhunderts in ihrer Entstehung und Entwicklung, Göttingen 1926

Schiller, Friedrich
Schillers Werke, Stuttgart und Leipzig 1877

Schmaus, Michael
Elemente einer christlichen Geschichtstheologie, in: Sinn und Sein (Herausg. R. Wisser), Tübingen 1960

Shakespeare, William
The Illustrated Stratford Shakespeare, London 1982

Sölle, Dorothee
Kirche ist auch außerhalb der Kirche, in: Kölner Vorträge zur Kirchenreform, Wuppertal 1965

Spaemann, Robert
"Die christliche Sicht des Leidens", in: Willi Oelmüller (Herausgeber), Religon und Philosophie, Bd. 3, Leiden, S. 104 - 110

Sparn, Walter
Leiden - Erfahrung und Denken, München 1980

Spinoza
Die Ethik. Schriften und Briefe (Herausgb. V. F. Bülow, übertragen von C. Vogel), Stuttgart 1955

Spinoza
Abhandlung über die Verbesserung des Verstandes (Übertr. und eingel. von Carl Gebhardt), Leipzig 1922

Sterne, Laurence
The Life and Opinions of Tristram Shandy, Penguin 1981

Steward, Dugald
Philosophical Essays, Edinburgh 1810

Tillich, Paul
Systematische Theologie, Bd. I - III, Stuttgart 1955 - 1966

Viebrock, Helmuth
Wer ist Demogorgon? in: Sitzungsberichte der Wissenschaftlichen Gesellschaft der Universität Frankfurt, Band 9, Jahrgang 1970, Nr. 4, S. 110 ff

von Wackenroder, Wilhelm Heinrich
Schriften, Hamburg 1968

Wasserman, Earl R.
Shelley - A Critical Reading, Baltimore / London 1971

Webb, Thimothy
The Violet in the Crucible, Oxford 1976

Welburn, Andreas J.
Power and Self-Consciousness in the Poetry of P. B. Shelley, Houndsmille and London, 1986

Wenzel, Aloys
Philosophie der Freiheit, Bd. II, 1949

Wisser, Richard (Herausgeber)
Sinn und Sein, Tübingen 1960

Ziegler, Th.
Geschichte der christlichen Ethik, Straßburg 1862

Allgemeine Werke

Die Bibel, Altes und Neues Testament, Einheitsübersetzung, Stuttgart 1980

The Holy Bible. Authorized King James Version, London and New York, o. J.

The Book of Common Prayer, William Clowes and Sons, London o. J.

Brockhaus, A. W. (Herausgeber), Der große Brockhaus, Wiesbaden 1983

Brugger, W. (Herausgeber), Philosophisches Wörterbuch, Freiburg 1961

The Cambridge Guide to Literature in English, Cambridge 1988

Denzinger-Schönmetzer, Enchiridion Symbolorum Definitionum et Declarationum de Rebus Fidei et Morum, Freiburg 1976

Doctrine in the Church of England, The Report of the Commission on Christian Doctrine, appointed by the Archbishops of Canterbury and York, in 1922, London 1938

Encyclopaedia of Religion, New York / London o. J.

Geschichte der Protestantischen Theologie, Leipzig 1862

Lexikon für Theologie und Kirche, Freiburg 1986, (zitiert als LThK)

The Oxford English Dictionary, 1935, Neuauflage 1961